© 2016 Uwe Amanuel Rötzer
Lektorat, Korrektorat: Margit Kridlo
Grafik: Sabine Krenn

Verlag: tredition GmbH, Hamburg

ISBN
Paperback   978-3-7345-8191-5
Hardcover   978-3-7345-8192-2
e-Book   978-3-7345-8193-9

Printed in Germany

Das Werk, einschließlich seiner Teile, ist urheberrechtlich geschützt. Jede Verwertung ist ohne Zustimmung des Verlages und des Autors unzulässig. Dies gilt insbesondere für die elektronische oder sonstige Vervielfältigung, Übersetzung, Verbreitung und öffentliche Zugänglichmachung.

Uwe Amanuel Rötzer

Ein lyrisches Werk

Gedichte der Romantik

Eine Poesie der Liebe
an die Schöpfung

Band 1

Inhaltsverzeichnis

Vorwort 8
Danksagung. 9

Romantische Poesie 10
Die Romantik. 11
Schwanenlieb. 13
Gottes lieblich Himmelstanz. 15
Die kleine Weltenseele. 17
Willkommen, du mein Seelenlieb. 19
Meiner Seele Worte lieb. 22
Einst küsste mich ein Engel zart 24
Ein weißes Blatt Papier. 26
Danke, mein liebend Bruder fein. 30
Der Schulmeister. 32
Stumme Schreie hört man nicht. 34
Liebe ist … 36
Ein bisschen Menschlichkeit. 38
Am Boden ein Adler mit blutigem Herz. 40
Über die Weisheit allen Lebens. 42
Die Anti-Ego-Pille. 45
Der Vogel-Telegraf. 47
Oh wie ehrenhaft. 51
Ich bin. 53
Du Schneeflocke meines Herzens lieb. 55
Legionen des Lichts. 57
Ein zarter Frühlingskuss. 59
Das ist des Menschen Lieb. 61
Ohne Worte. 63
Ich habe immer die Wahl. 65
Du mein Seelenlieb. 67
Dem Kräuterweib zur Ehr. 69
Vergissmeinnicht. 72

Meiner Seele Herzenslieb. 74
Ein Kind von Mutter Erde. 76
Ein Rosenbogen der Liebe. 78
Das Schneeglöckchen. 80
Stille. 82
Hand in Hand – 84
Die Brücke, die alle Kulturen eint. 86
Der Seele traurig Weltenspiel. 88
Zwei Herzen – ein Geist 90
Meines Herzens Heimatland. 92
Gottes Geist und Rosenlieb. 95
Die Wüstenblume. 97
Das Blümchen klein, im Geiste groß. 99

Romantik aus dem Ausseerland 101
Das Ausseerland in meinem Herzen. 102
Am Ufer von Altaussee. 107
Gottes Blütenzauber. 109
Das Salz aus den Ausseer Bergen. 111
Am Ödensee. 113
Gott offenbarte sich mir dort wo der Himmel 115
Das Konzert in Gottes Herzen. 119
Meines Herzens liebste Weltenstadt. 122
Du mein Altaussee. 124

Ausseer Mundartgedichte 126
Durt wo de Narzissen blian. 127
Is Feierwehrfest in Obertressen. 129
Da Erzherzog Johann. 131
Am hintern Gosausee. 133
Mei Ausseer Herznsliab. 135
Classic Alpin. 137
In Lebn sei wohra Wert. 139

Mundartpoesie 141
De Kuah. 141
A sauas Gsicht. 143
De wohre Herznsliab. 145
A so a liaba Bua. 147
Is I-Phone. 149
Da Kirschndiab. 151
Wos wa des fia a Wöd, ... 153
Waun de Kirchnglockn leit. 155
Da Herrgod hät a Pause braucht. 157
Saunafreuden. 159
Ka Plan. 161
A neiche Chance. 163
De füle Rederei. 165
A gscheida Mensch. 166
De Bauanleit. 168
Is Sommakladl. 170
Da Denka in meina Birn. 173
Biotop Mensch. 175
Herznsliad. 178
De Vergänglichkeit. 180
Du bist ma nur vorausgonga. 182
Is Sönbüd vo mein Herzn. 184

Lyrik des Herzens 186
Danjabat Ananda. 187
Der wahre Gottesdienst. 189
Das Weihnachtsfest, ... 191
Des Teufels finstere Schergen. 194
Im Namen des Propheten. 195
Die wahre Religion ist die Liebe. 198
Der Kreuzestod. 201
Für Charlie. 203
Die Taufsünd. 206
Allah liebt mich. 209

Das wahre Osterfest. 212
Gott erhörte mich. 214
Des Propheten Wort 217
Allerseelen. 219
Mutter Teresa. 222
Wunder der Weihnacht. 224
Allah ist groß. 228
Ein wahrer Gotteskrieger. 230
Die Religion Gottes. 232
Allah ist Gott und Gott ist groß. 234
Des Kreuzes Ruf. 236
Des Dichters letzter Gruß. 238
Über den Autor: 240

Vorwort

Die Romantik ist die Suche nach innen, sie ist die Suche nach der Seele Gottes, die der gesamten Schöpfung innewohnt. Sie ist die Lyrik des Herzens, die alles im Geiste Gottes eint und somit alles in der Natur mit dem romantischen Geist der Poesie belebt.

Die Romantik ist eine Verschmelzung von Poesie, Religion und Philosophie, sie betont die Einheit von Natur, Mensch und Geist und setzt so die Schöpfung in ihrer Schönheit und Unschuld ihrem Schöpfer gleich. Im Mittelpunkt steht die gefühlsbetonte Seele, deren höchstes Ideal die romantische Ästhetik allen Lebens ist.

Das Sinnbild der Romantik ist die blaue Blume, die für das Erleben des Unbewussten, Übersinnlichen und Mystischen steht. Eine Blume, die im Herzen eines jeden Romantikers blüht und ihm eine Welt hinter dem Sichtbaren zeigt, eine Welt jenseits des Verstandes, die seine Seele bis in die Gegenwärtigkeit Gottes trägt.

Für mich ist die Romantik die Verbindung zwischen dem Weltlichen und Gott, deren Ziel das Streben nach dem höchsten Selbst des Lebens ist. Sie ist für mich die Abwendung von der vom Verstand definierten zivilisierten Welt hin zur inneren Natur des Menschen, die ihn im Geiste mit Gott und seiner Schöpfung eint.

Als Schriftsteller stelle ich transzendentale ebenso wie bodenständige Themen in den Mittelpunkt meines Schaffens. Mit meiner im Stil einer Art „Romantik der Neuzeit" verfassten Lyrik möchte ich Sie in Seele und Herz berühren sowie erfreuen.

Uwe Amanuel Rötzer

Danksagung.

Einst küsste mich ein Engel zart,
Nahm mich an der Hand
Und ging mit mir des Weges,
An meiner Seele Jahr und Tag.

Es war ein Kuss,
Der mir die Binde nahm,
Die um mein Herz gebunden war,
Und der die blaue Blume
In mein Herz mir gab.

Und so ging ich an seiner Hand
Und lernte das, was zu lernen war
Über Gott und sein Weltenspiel
Und über die Verlorenheit,
Des Menschen irdisch Ich.

Die blaue Blume zart,
Im Herzen lieb,
Die mir die Muse
Meiner Dichtkunst ist,
Das bist du, mein Engel, mir,
Ich danke dir.

Romantische Poesie

Worte des Herzens

Die Romantik.

Die blaue Blume,
Sie spricht ganz leis
Über der Schöpfung
Schönstes Erdenkleid.

Wo sie
Mit ihrer Worte Poesie
In mein Herz mir schreibt
Über Liebe, Tod, Freude,
Glück und Einsamkeit.

Eine blaue Blume
In meines Geistes Sinn
Zeigt mir Gottes
Schönstes Schöpfungsspiel,
Wo alles ist im Geiste eins,
Das Ich, das Du, Gott
Und aller Weltenschein.

So wird das Leben
Zur Muse mir,
Weil ich in allem
Gottes Antlitz sehe und so,

Mit meiner Feder zartem Kiel,
Preise ich Gott
Mit meiner Worte lyrisch Stil.

Die blaue Blume,
Sie spricht von Gott,
Der in allem
Seine Wohnstatt hat,
Und zeigt mir
Seines Geistes lichten Glanz,
Der in und um alles Leben tanzt.

Wie schön,
Dass es die Romantik gibt
Mit ihres Geistes tiefem Sinn,
Die uns die Schöpfung
In ihrer Vollendung zeigt,
Die Schöpfung als ein Teil
Von Gottes Himmelreich
Und uns Menschen im Geiste
Unserem Schöpfer gleich.

Schwanenlieb.

Ein weißer Schwan
Mit golden schimmerndem Haupt
Zieht ruhig und sanft
Im Fluss des Lebens
Seine eigene Bahn.

Wie schön du doch bist,
Mit wie viel Anmut
Du dein Leben lebst,
Ein Geschöpf
Im Geiste gottesgleich,
Und so erschaffst du dir
Mit deinem Sein
Dein eigen Himmelreich.

Welch zartes Wesen,
Im Herzen lieb,
Die Seele sanft,
Ist dein Leben
Wie ein schwimmender Himmelstanz.

Deiner Liebe Treu
Trägst du dein Leben lang
In deinem Herzen

Und so schwimmst du
Mit deiner Schwanenlieb
Bis ans Ende
Eurer Lebenszeiten.

Zwei weiße Schwäne,
Ein schwimmend Herz,
Ziehen gemeinsam himmelwärts,
Wo sie mit ihren großen Flügeln
Wie Engel
In die Unendlichkeit
Der Abendsonne fliegen.

Ein Schwan mit seiner Lieb
Hat mich heut
Im Herzen berührt
Und mir die Ewigkeit
Meines eignen Geistes
Lieb erklärt.

Gottes lieblich Himmelstanz.

Es tanzt aus dunkler Nacht
Des Schöpfers geistig glitzernd Pracht
Und hüllt die Welt, wie in weißen Samt,
In ein wohlig weiches Himmelskleid
Seiner schönsten lieblich Geistigkeit.

Ein Wunder höchster Erhabenheit,
Wo keine Schneeflocke der anderen gleicht,
Wie in der Menschen eigen Seelenwesen
Ist auch in ihnen Gottes Geist gelegen.

Ein Himmelstanz
Von Gottes lichtem Glanz,
Wie ein sanfter Engelskuss,
Der dir lieb in deinem Herzen ist
Und der in deiner Seele Unruh und Hast
In des Abends stiller Nacht
Dir den Weihnachtsfrieden hat gebracht.

Es ist als würde deine Seele
In des Schöpfers liebend Schoße liegen,
Eingebettet in seiner weißen Liebe,
Ist's als würde es keine Zeit mehr geben,
Nur die Stille,
Die wie eine Schneeflocke,

Leis und sanft,
Dir lieb in deinem Herzen tanzt.

Es ist Gottes lebend Geist,
Der hier und heute Nacht
Uns seinen Segen hat gebracht,
Und würde der Mensch aus dem Herzen leben,
Dann würde er in jeder Schneeflocke
Das Antlitz Gottes sehen.

Die Schöpfung ist im Herzen mir lieb,
Weil sie der wahre Tempel Gottes ist,
Und so ist des Schöpfers geistig Lieb
Nicht nur in mir und dir,
Sondern in allen Weltenwesen hier.

So, Mensch, erkenne,
Dass derselbe liebend Geist,
Den du in deinem Herzen hast,
Mit jeder Schneeflocke
In des Schöpfers lichtem Glanz
Von Gottes ewigem Himmel tanzt.

Die kleine Weltenseele. (Einst im Himmelreich)

Liebe Seele, bitte erzähle:
Was hast du erlebt
Auf deiner Seelenreise,
Worüber hast du gelacht,
Worüber geweint,
Was hat dich in deinem Sein gehoben
Und was hat dich im Herzen verletzt?

Bitte erzähle mir von der Liebe,
Als zwei Herzen gegen den Himmel stiegen
Und sich im Schwur der ewigen Liebe
Ein golden Band,
Auf dem mit Herzblut geschrieben stand:
Nur du, bis in alle Ewigkeit,
Fest um ihre Herzen band.

Oder erzähle mir vom Tod,
Wenn der letzte Atemzug den Körper verlässt
Und die irdisch Seele in sich zusammenfällt,
Weil alles was sie glaubt zu sein
In diesem Moment gestorben ist,
Ein Schmerz der Unbewusstheit,
Der eine tiefe Narbe
In der Weltenseele hinterlässt.

Oder wenn die Mutter weinend
Am Grabe ihres Kindes steht,
Was tut die Seele da, was macht sie,
Wie stark ist ihr Seelenleid?
Bitte Seele, erzähle mir
Von der Menschheit bitterem Trauerspiel.

Du kleine Weltenseele,
Was soll ich dir sagen
Von meinen Erdentagen?
Alles was du wissen willst
Ist nicht des Lebens wahrer Sinn,
Ist nur der Seele bitteres Leid,
Was sie erfährt in ihrer Unbewusstheit.

Das wahre Leben, der Seele wahrer Segen,
Ist aus Gottes liebend Geist zu leben,
Dann hat alles Weltenleid sein End,
Dann gibt es weder Tod noch Schmerz
Und selbst die Liebe bindet nicht das Herz.

Das Leben ist so schön,
Wenn du es
Aus dem Geiste Gottes lebst,
Denn nur das ist der Seele
Wahres Paradies.

Willkommen, du mein Seelenlieb.

Finster wird das Auge mir,
Dennoch ist's im Herzen mir hell,
Wenn ich in der Stunde meines Todes
Des Schöpfers ewig Lieb
In meinem Herzen spüre.

So ist am Ende meiner Seele irdisch Weltentage
Nur Gottes liebend Licht,
Das mich in seinen Händen hält,
Denn alles weltlich Sein
Und alles weltlich Haben
Ist jetzt für mich nicht mehr
Und wird in meines irdisch Leben Grab getragen.

Wie vergänglich ist doch
All der irdisch Weltenschein,
Wo meines Lebens Ich,
Erschaffen in Raum und Zeit,
Flüchtig wie der Schatten selbst,
Sein Haupt vor der ewigen Sonne beuge.

Ein Film beginnt,
Realer als des Lebens Wirklichkeit,
Wo ich noch einmal sehen darf,
Was ich der Welt mit meinem irdisch Sein

Als Erbe hinterlassen hab.

Nun wird nichts verschönt,
Niemand der sich verstellen kann,
Des Lebens Licht und Schatten,
Alles wird offenbart,
Wie es im Leben einst wirklich war.

Wie schön es doch ist,
Endlich so zu sein wie man ist,
Wo die Seele frei von des Egos Weltenspiel
Ihrem Schöpfer gegenübersteht
Und nun noch einmal sehen darf,
Was sie im Leben nicht gelernt hat.

Nun ist die Zeit der Ernte gekommen,
Wo sich die Spreu vom Weizen trennt
Und alle Wesen meiner Seele
Die Saat, die sie einst gesät,
Nun auch wieder zu ernten haben.

Der letzte Odem,
Er verlässt mein irdisch Weltenkleid,
Und was ich mir im Leben hab erschaffen,
Das wird mir jetzt mein Jenseits sein.
So ist des Lebens wahrer Wert
Der göttlich Seele Lieb,

Weil nichts von deinem irdisch Sein
Du mit in dein Jenseits nimmst.

Nun öffnet sich ein Tunnel mir
Von Gottes schönstem Licht
Und eine Stimme engelsgleich
Sagt leis und sanft zu mir:
Das hast du gut gemacht,
Sei willkommen, du mein Seelenlieb.

Meiner Seele Worte lieb.

Des Herbstes schönste Farbenpracht,
Ein Blätterdach,
Von Gottes ewiger Lieb gemacht,
Wo die Fülle sich noch einmal zeigt
Von Gottes Schöpfung
Lebend Geist.

Jetzt wo alle Frucht geerntet ist
Und der Winter langsam aber doch
Ins Land einzieht,
Verzaubert uns der Schöpfer noch
Mit seinem bunten Farbenspiel.

Mit goldner Hand und zartem Strich
Malt er sein lieblich Angesicht
An jeden Baum und jedes Blatt,
Oh welch wunderbares Schöpfungswerk.

Welche Harmonie
In Farbe, Licht und Spiel,
Wo alles Leben demutsvoll
Sein Haupte neigt
Vor Gottes schönstem Meisterwerk.

Es ist Herbst, der Winter naht,
Die Vögel ziehen in großer Schar
Und unter ihnen ein Farbenmeer,
Womit Gott leise in ihre Herzen sagt:
Kommt bald wieder her.

Jede Jahreszeit
Hat ihren lieblich Reiz,
Wo Gott in seiner Fülle Pracht
Alles Leben glücklich macht
Und mir zu meiner Muse wird,
In meiner Seele Worte lieb.

Ich danke dir
Für all die Schönheit
Auf Erden hier.

Einst küsste mich ein Engel zart
an meiner Seele dunkelstem Tag.

Eine weiße Feder, die zart vom Himmel schwebt
Und sich sanft vor meine Füße legt,
Meiner Tränen Weltenschmerz
In meiner Seele einsam Herz,
Ich schau nach oben und sehe nichts,
Ich nehme die Feder und sinn in mich:
Wo bist du, Lieb,
Wo bist du hin
In Gottes schönstem Weltenspiel?

Eine weiße Feder in meiner Hand,
Wessen Weltenkleid
Ich wohl hier in meinen Händen halt?
Um meine Seele ein dunkles Band,
Gewoben aus Hass und Ignoranz,
So viel Leid in dieser Welt,
So viel Schmerz
In der Menschheit Weltenherz.

Wie schön ist doch der Feder Glanz,
Wie weißgoldnes Licht in meiner Hand.
Worin liegt der Wert des Lebens,
Ist er nicht in der Lieb gelegen?

Den Lebenssinn,
Ich seh ihn nicht,
Nicht hier
In diesen grausam Weltenspiel.

Wie schön du doch bist,
Wie lieb du mich im Herzen berührst,
Du weiße Feder, du Himmelsglück,
Du leuchtend Stern in dunkler Nacht
Gibst mir meine Lieb zurück.

Einst als ich am Boden lag,
An meiner Seele dunkelstem Tag,
Da trug ein Engel mich ein Stück
Und zeigte mir, dass alles Glück
Ich in meinen eigen Händen hab.

Ein Engel, der zart ins Herz mir spricht:
Vertrau auf Gott und leb seine Lieb,
Auf dass auch du, so wie ich es bin,
Zu einem Engel der Liebe wirst.

Ein weißes Blatt Papier.

Ein weißes Blatt Papier,
Auf dem nichts geschrieben steht,
Ist wie die Seele eines Kindes,
Die noch sanft und tief
Im Schoße ihres Schöpfers schläft.

Ein weißes Blatt Papier,
Auf dem nichts geschrieben steht,
Ist der Beginn vom Leben,
Dessen Fäden der Mensch selbst
In seinen Händen hält.

Ein weißes Blatt Papier,
Auf dem nichts geschrieben steht,
Wartet nur darauf,
Dass du es mit deinem Lebensgeist erfüllst.

Ein weißes Blatt Papier,
Auf dem nichts geschrieben steht,
Wird am Ende deiner Erdentage
Zu dem Buche deines Lebens werden.

Ein weißes Blatt Papier,
Auf dem die Geschichte
Deines Lebens geschrieben steht,

Eine Geschichte geschrieben
Mit Blut und Tränen,
Eine Geschichte geschrieben
Aus Liebe, Freud und Leid.

Ein weißes Blatt Papier,
Auf dem die Geschichte
Deines Lebens geschrieben steht,
Ist der Spiegel deiner Seele,
Was du dem Leben
Und das Leben dir gegeben hat.

Ein weißes Blatt Papier,
Auf dem die Geschichte
Deines Lebens geschrieben steht,
Wirst du am Ende deines Lebens
In Händen halten,
Wenn du vor deinem Schöpfer stehst.

Ein weißes Blatt Papier
Hat dir der Schöpfer einst gegeben,
Als er dir den Odem seines Lebens gab,
Damit auch du dein Blatt
Mit seinem Lebensgeist erfüllen magst.

Ein weißes Blatt Papier
Hat dir der Schöpfer einst gegeben,

Dass du die Schöpfung
Aus seinem Geiste vollenden magst
Und so das Blatt Papier
Dir zu Gottes liebster Ode wird.

Ein weißes Blatt Papier
Hat dir der Schöpfer einst gegeben,
Wo du der Komponist, der Dirigent
Und das Orchester deines Lebens sein darfst
Um aus der Liebe deines Herzens
Die Schöpfung und alles Leben
Zum Konzerte Gottes lädst.

Ein weißes Blatt Papier,
Erfüllt mit deinem Geiste,
Ist eine Schöpfung in der Schöpfung,
Auf dem die Geschichte deines Lebens steht.

Ein weißes Blatt Papier,
Erfüllt mit deinem Geiste,
Ist dir zu deinem Lebenssinn geworden,
Weil alles, was du im Geiste trägst,
Zur Schöpfung deines eigenen Lebens
Geboren ist.

Ein weißes Blatt Papier,
Erfüllt mit deinem Geiste,

Wird am Ende aller deiner Erdenleben
Wieder zu einem weißen Blatt Papier werden,
Denn wenn deine Seele
Sich wieder mit Gott vereint,
Löst sich aller Weltenschein
In seiner unendlichen Liebe auf.

Ein weißes Blatt Papier
In des Schöpfers liebend Schoß
Legst du dann sanft zurück
Und sagst leis ein Dankeschön.

Danke, mein liebend Bruder fein.

Du alter Baum am Wegesrand,
Erschaffen im göttlich Spiel der Elemente,
Zierst du die Schöpfung
Mit deinem zarten Blätterwald.

Dein Stamm ist krumm,
Gebeugt von der Kraft des Windes,
Mit schroffer, aufgerissener Rinde
Und dennoch hältst du stolz
Deine liebend Früchte
In deines Schöpfers Himmel.

Rechts von dir ein Stein,
Von Gottes Kraft behauen,
Ziert er dein Sein
Und ist dir ein treuer Gefährte
In deiner ganzen irdisch Lebenszeit.

Links von dir eine wilde Rose,
Die ihre zarten Arme
Liebend um deine Lende legt,
Damit auch sie im Schatten deiner Obhut
Wind, Schnee und Regen trotzen kann.

Du nimmst der Elemente lebend Kraft
Und gibst dem Leben das zurück,
Was es dir in seiner Liebe gab,
Damit der Kreis sich schließen kann
Und aller Schöpfung lebend Saat
Gott auch wieder in seiner Ernte hat.

Wie schön es doch sein muss,
So bescheiden und gottgefällig zu leben,
Mit derselben Lieb im Herzen
Zu nehmen wie zu geben.

So sitz ich heute hier
Voll Ehrfurcht dir zu Füßen
Und erkenne in deiner Art zu sein,
Dass in dir, in mir, in der Rose wie im Stein
Derselbe göttlich Geist ist gelegen.
Danke, mein liebend Bruder fein.

Der Schulmeister.

Am Hause meines Ahnen Wirken steh ich da,
Wo einst vor hundert Jahr
Ein Schulmeister, der Muse fein,
Seines Geistes Gut
Mit allem Leben teilte.

Eine Lieb,
Tief in meinem Herzen drin,
Gibt mir des Schulmeisters weiser Sinn,
Wo ich für eine kurze Zeit,
Das Leben mit den Augen sehe,
Wie es einst als Schulmeister war,
Hier an diesem Ort
Vor hundert Jahr.

Ich spür sie noch, die lebend Lieb,
Wie sie von Generation
Zu Generation weiterlebt,
Eine Lieb, die einst vor hundert Jahr
Ein Schulmeister mit seiner Poesie
In die Herzen legte
Aller Menschen hier.

So liegt eigentlich in jedes Menschen Seele hier
Ein Stück von des Schulmeisters Lebensmüh,

Was er einst aus Gottes Gnaden
Dem Leben aus seiner Liebe gab,
Das wie die Frucht seines Samens,
Jedes Jahr auf ein Neues,
Sein geistig Erbe
An die Menschen hier weitergibt.

So leben wir für immer fort,
Auch wenn die Zeit schon längst
Unser irdisch Kleid zu Grabe trug,
So ist es doch unser geistig Sinn,
Den wir als Erbe,
Im Guten wie im Bösen,
Der Schöpfung hinterlassen.

Nun steh ich da
Und sinn dem Leben nach,
Was wohl ich dem Leben einst
Für ein geistig Gut hinterlassen haben mag,
Wenn vielleicht in hundert Jahr
Einer meiner Nachkommen
Auf seines Ahnen Spurensuche geht.

Stumme Schreie hört man nicht.

Komm, berühre mich,
Halt mich fest
Mit deinen starken Händen
Und gib mir die Geborgenheit,
Die man mir als Kind hat genommen.

Lass mich in deinen Armen liegen,
Lass mich deine Lieb
In meinem Herzen spüren,
Auf dass meine Seele wieder vertrauen kann
Und der Schmerz und die Wunde
Meiner dunklen Kindheit Tage
Wieder heilen kann.

Wie schön dein Herz,
Es schlägt so sanft,
Wie zart dein Atem,
Ich spüre ihn so nah
Und auch das Licht
In deinen Augen drin,
Es zeigt mir nur,
Wie wunderbar doch
Deine Seele ist.

Alles ist so lieb an dir
Und dennoch bin ich voller Hass
Und voller Angst in mir,
Weil all dies mich einst missbraucht
Und wie ein Schatten von Ekel und Schmerz
Die Tür geschlossen hat
Zu meiner Kinderseele unschuldig Herz.

Eingebrannt in meine Seele,
Ertränkt in meiner Kindheit Tränen,
Wo bist du nur, wo bist du hin,
Du Lieb in meinem Herzen,
Du Vertrauen zu den Menschen hin.

Doch heut will ich es wagen,
Ich trage den Schmerz
Der Vergangenheit zu Grabe
Und gebe mich ganz hin
Deiner treuen und reinen Seele
Zärtlich Spiel.

Wie schön es doch ist,
Wenn deine Lieb
Mich zart im Herzen berührt.

Liebe ist …

Liebe ist der Sternenlichter Glanz,
Wo Gottes ewig Licht
Uns die Sonne ist bei Nacht,
Und sie ist die goldne Schnur,
Mit der er wie ein Puppenspieler
Alle Gestirne nach seinem liebend Sinn
In unseren Herzen tanzen lässt.

Liebe ist der Wille Gottes,
Der die Schöpfung schuf in Raum und Zeit,
Und sie ist der Odem seines göttlich Seins,
Der allen Weltenwesen seine liebend Seele gibt.

Liebe ist der Baustein,
Aus dem die Schöpfung ist,
Und so hat alles was ist
Den lichten Funken Gottes in seinem Sein,
Denn ohne die Liebe Gottes
Gäbe es weder mich noch dich,
Weder Tier noch Pflanze noch Stein.

Liebe ist die Tugend Gottes,
Die aller Menschen göttlich Sein
In ihren liebend Herzen
Mit des Schöpfers Geiste eint,

Und erst aus dieser göttlich Seelenlieb
Wurden alle anderen Tugenden
Dem Leben und Gott zu Ehr geboren.

Die Liebe ist des Schöpfers lebend Lieb,
Die allem Leben zugrunde liegt,
Und so ist des Lebens wahrer Sinn
Die Lieb in unseren Herzen drin,
Denn dort wo Gottes Lieb nicht ist,
Dort ist das wahre Leben nicht.

Liebe ist die helfend Hand,
Die dir zur Seite steht,
So wie das Lächeln eines Kindes,
Das dich im Herzen erfreut,
Und es ist das lieblich Lied des Vogels,

Das er dem Leben singt zur Ehr,
So wie die Blume steht am Wegesrand
In ihrer schönsten Blütenpracht
Und leise sagt ins Herz dir lieb:
Ich bin du und du bist ich,
Ich liebe dich.

Ein bisschen Menschlichkeit.

Ein Flüchtling kommt von weit, weit her,
Sein Lebensleid ist hart und schwer,
Er flieht aus seinem eigen Land,
Lässt alles zurück
Auf der Suche
Nach seinem verlorenen Lebensglück.

Er tut es nicht, weil er es will,
Er flieht nur,
Weil des Teufels finsteres Weltenspiel
Ihm seine Rechte, seine Freiheit,
Seinen Besitz und sein Leben nimmt.

Ein Menschenstrom vereint in Not und Leid,
Menschen wie du und ich,
Nur in einem anderen Seelenkleid,
Menschen, die an unsere Herzen klopfen
Und uns bitten
Um ein bisschen Menschlichkeit.

Doch unser Verstand,
Er sagt so viel,
Ausländer, die brauchen wir hier nicht,
Die sind anders als wir,
Die Angst ist groß

Und das Herz, es schweigt
Zu all dem bitteren Leid.

Doch, Mensch, erkennst du denn nicht,
Dass jeder dieser Menschen
Gottes geistig Ebenbild ist
Und dass sie,
In deines eigen Geistes Angesicht,
Dir ein Bruder und eine Schwester sind?

Der wahre Mensch
Sieht nur mit dem Herzen gut,
Was er dem Leben aus seiner Liebe geben muss,
Wo ihm alles ist im Geiste eins,
Das Ich sowie das Du
Und aller Weltenschein.

So, Mensch, öffne dein Herz
Für anderer Menschen Seelenschmerz
Und diene Gott mit deiner Lieb,
Indem du allem Leben in Liebe dienst.

Am Boden ein Adler mit blutigem Herz.

Stumme Zeugen mahnender Zeiten,
Soldaten in Stiefeln, sie kämpfen, sie schreiten,
Die Erde im Blute der Ahnen getränkt,
Ein Volk gegen das andere,
Vom Teufel gehetzt.

Noch hundert Jahre später
Sind die Schreie zu hören
Von den Tränen der Mütter
Und ihren sterbenden Söhnen.

Ein Land zerrissen,
Die Seelen entzweit,
Ein stolzes Volk,
Dem Kaiser zu Ehr,
Am Boden ein Adler mit blutigem Herz.
Wo ist sie nur hin,
Die Einheit Tirols?

Vom Stolz der Ahnen
Im Kriege zerschlagen,
Getrennt, was man nicht trennen soll,
Bitter bezahlt mit des Blutes Zoll.

Nationen, von Menschen erschaffen,
Hier ein Tirol und da ein Italien.
Doch haben nicht alle
Dasselbe Blut Gottes in ihren Adern?

Gott hat die Welt ohne Grenzen erschaffen
Und auch ohne Stacheldraht
Um die Herzen der Menschen.

So, Mensch, erkenne:
Alles was im Leben wirklich zählt
Ist die Lieb in deinem Herzen
Und die Reinheit deiner Seel.

Und dennoch wäre es schön,
Wieder ein gottgefälliges
Und vereintes Tirol zu sehen.

Über die Weisheit allen Lebens.

All der Menschen Wissen-Wollen
Ist der Schöpfung Weisheit nicht,
Ist nur des Egos Drang,
Die Welt mit dem Verstande zu verstehen.

So definiert der Mensch die Schöpfung
Mit seinem Verstand in Raum und Zeit,
Gibt allem einen Namen, sucht, forscht
Findet und erklärt unaufhörlich,
Schreibt alles in dicken Büchern nieder
Und findet letztendlich dennoch
Nur die Begrenztheit
Seines eignen geistigen Verstandes.

Der, der weiß, der sucht
Das Wissen des Verstandes nicht,
Denn er weiß, dass er die Weisheit nicht
In der Stofflichkeit der Schöpfung finden wird,
Nur der, der nicht weiß,
Der sucht das Wissen in der Welt,
Denn der Verstand des Nichtwissenden
Ist auf die Stofflichkeit
In Raum und Zeit begrenzt.

So viel Mühe, so viel Plag,
So viele Daten im menschlichen Verstand.
Und wozu das alles,
Ist das irdisch Wissen wirklich des Lebens Sinn
Oder nur der Lebensinhalt von jemandem,
Der das wahre Leben
Im Geiste Gottes nicht kennt?

Der Verstand des Menschen
Ist der Diener seines geistigen Seins,
Nur das Ego in seiner Unbewusstheit
Hat den Verstand über den
Geist des Menschen gestellt.

Alle wirklich großen spirituellen Meister
Waren keine Gelehrten,
Sie waren einfache Menschen
Mit einem großen Herzen.

Das Wissen war nicht die Weisheit ihrer Lehren,
Ihre Weisheit war das Nicht-Wissen,
Ihre völlige bewusste Präsenz
Im Geiste Gottes,
Ohne einen Verstand, der alles wissen will
Und immerzu nur denkt.

Aller Welten Weisheit
Ist des Schöpfers geistig Werk,
Das er sanft und liebevoll
In alle geistig Herzen legt,
Denn Gott offenbart sich der Schöpfung
In seinem geistig Wort
Und das ist die Sprache seiner unendlichen Liebe,
Die der Mensch nur
Mit seinem geistig Herzen hören kann.

Die Weisheit allen Lebens
Offenbart sich dir nur
In der Stille deines Seins,
Wenn du in Gott,
In seinem liebend Geist
Die Ruh gefunden hast.

Was ist all das weltlich Wissen wert
Gegen die Weisheit Gottes
In deinem liebend Herz?

Mensch, so lass das Ego Ego sein
Und lege dich in deines Schöpfers Hände,
Denn er gibt dir das,
Was du zum Leben brauchst
In seiner geistig Fülle.

Die Anti-Ego-Pille.

Stell dir mal vor,
Es würde eine Pille geben,
Die die Menschen
Von der Geisteskrankheit ihrer Egos befreit,
Und alle Menschen wären auf einmal
In ihren Wesen Engeln gleich.

Stell dir mal vor,
Wie schön es wäre,
Wenn die Erde der Himmel wär
Und alles Leben sich ihre Fülle
In gleichen Maßen teilt.

Stell dir mal vor,
Wie edel doch der Mensch
In seiner Tugendhaftigkeit wäre,
Wenn der finstere Schatten des Egos
Aus seiner Seele weicht.

Stell dir mal vor,
Der Mensch würde die Erde
Und alles Leben auf ihr
Wie seine eigene Mutter ehren,
Wie liebevoll und
Segensbringend er doch wäre.

Stell dir mal vor,
Kein Mensch würde mehr
Auf seinen eigenen Vorteil schauen,
Sondern immer auf das Wohle
Seines Nächsten und der ganzen Welt.

Stell dir mal vor,
Diese Pille würde es wirklich geben.
Würdest du sie nehmen?
Und wenn nicht, warum?

Die Anti-Ego-Pille,
Ein Medikament von Göttlichkeit.
Sie befreit zuverlässig von Angst, Hass, Wut,
Stolz, Arroganz und Hochmut
Sowie von Macht, Größenwahn, Unterdrückung,
Intoleranz, Eifersucht, Gier und Neid.
Zu erwartende Nebenwirkungen sind:
Plötzlich auftretende Lebensfreude,
Gelassene Heiterkeit, friedvolle Liebenswürdigkeit
Und immerwährende Glückseligkeit.

Der Vogel-Telegraf.

Eine Vogelschar, frech und keck,
Sitzt auf dem Telegrafendraht da
In Reih und Glied,
Der eine kommt, der andere fliegt fort
Und der Draht geht jedes Mal auf
Und wieder nieder.

Dieses sanfte Schwingen auf und ab
Ist ihres Lebens Müßiggang,
Wo sie von hoch oben herab
Auf des Menschen Treiben schauen
Und zur selben Zeit dem Geschwätz
Des Telegrafendrahtes lauschen.

Da sagt der dritte Vogel ganz von links:
Hört ihr das?
Jetzt ruft die alte Hexe von der Lindenstraße 7
Schon wieder bei ihrer Tochter an,
Um über ihre Nachbarin zu schimpfen.

Ah, sagt der vierte Vogel ganz von rechts,
Jetzt fängt das schon wieder an,
Mir ist das heut viel zu viel Gehässigkeit,
Ich flieg noch mal ne Runde.
Hebt ab und der Telegrafendraht

Geht wieder einmal auf und nieder.

Nun sitzen sie da,
Drehen hier und da den Kopf im Kreis
Und heben von Zeit zu Zeit eines ihrer Beine,
Weil der Draht schon heiß geworden ist
Von all der sinnlosen, bösen Rederei.

Endlich hat es ein End gefunden
Und der Draht schweigt stille,
Nun sagt der zweite Vogel ganz von rechts:
Das ist mir zu fad,
Ich flieg mal rüber in die Lindenstraße 7,
Vielleicht streiten sie ja am Gartenzaun weiter.
Hebt ab und wieder geht der Draht auf
Und nieder.

Sanftes Schwingen in geschlossener Reih,
So sitzen sie da und freuen sich des Lebens
Und des Drahtes Stille,
Während die Menschen
Unter ihnen fleißig schaffen
Und die Wolken über ihnen sanft vorüberziehen.

Da ruft auf einmal der Huber-Bauer an
Und redet mit seinem Nachbarn,
Dass er heut noch fährt aufs Feld hinaus,

Um die Weizensaat zu säen.

Nun streckt sich Vogel Nummer eins
Von rechts gesehen und sagt:
Mal sehen ob er schon seinen Weizen sät,
Denn dann sag ich euch schnell Bescheid
Für ein gratis Essen beim Huber-Bauern.
Fliegt fort und wieder geht der Draht auf
Und nieder.

Jetzt kommt Nummer vier von rechts zurück
Und landet sanft am Platz von Nummer eins:
Was hab ich gehört,
Der Huber bittet uns zu Tisch?
Darauf hab ich mich schon
Das ganze Jahr lang gefreut.

Nun kommt Leben in die kleine Schar,
Auch der zweite Vogel
Ganz von rechts kommt zurück,
Setzt sich auf seinen alten Platz nieder,
Sagt nur: Nichts ist los in der Lindenstraße 7.
Und der Draht schwingt weiter auf
Und nieder.

Nun sind alle Vögel in freudiger Erwartung
Und schauen nur ein bisschen schief rüber

Auf den dicken kleinen Spatz,
Denn er allein frisst ja bekanntlich
Wie ne kleine Vogelschar.

Jetzt endlich kommt
Nummer eins von rechts zurück
Und brüllt aus voller Kehle:
Da Huber, da Huber,
Der ist mit dem Traktor schon am Felde.

Plötzlich fliegen sie,
Wie von einem Katapult
Durch den Himmel geschossen,
In Reih und Glied zum Huber seinem Acker.

Hinten nach
Der kleine dicke Spatz mit angespannter Miene
Und redet sich fest ein:
Die Letzten werden die Ersten sein.
Zurück bleiben nur
Ein Telegrafenmast, sein Draht
Und Stille.

Oh wie ehrenhaft.

Die Hand erhoben stolz zum Gruß,
Die Ehr des Führers, der Mutter liebend Kuss,
Wo alles sich dem Wahne neigt
Eines kranken und teuflisch Geist.

Gewalt, das wird die Lösung sein,
Ein Volk im Blute rein,
Geeint unter des Hakenkreuzes Banner,
Welch blinde Narren,
Heute noch ein Jubeln, Morgen dann der Jammer.

Ein Volk eingefärbt in ein braunes Herz,
Keine Liebe, nur Hass und Weltenschmerz.
Wie kann man nur so grausam sein
Zu Gottes schönstem Schöpfungswerk?

Eine Rasse, die sich für auserwählt erklärt
Und die Welt neu ordnet
Nach des Führers Geist,
Alles Deutsch,
Und so begann der Völkermord
Und die Erde, sie wurde
In Tränen und Blut getränkt.

Keine Gnade, keine Reu,
Nur blinder Gehorsam,
Dem Führer bis in den Tode treu,
Kinder, Frauen, alte Leut,
Alles wurde gesäubert, nein ermordet,
Für des Führers neue Weltenordnung.

Soldaten, zu Hunderttausenden gingen sie fort,
Dem Teufel zu Ehr, in ihren sicheren Tod,
Doch der, der mit dem Teufel im Bunde ist,
Der Tod und Gewalt
In anderer Menschen Länder bringt,
Das ist kein Held,
Das ist höchstens ein dummer Narr,
Der Gott nicht kennt.

Und so ist das Gesetz,
Dass alles was du säst,
Du auch wieder ernten musst,
Das Blatt, es wendete sich
Und aller Hass und alle Gewalt kamen zurück
Und auf einmal
Hat keiner von irgendetwas gewusst,
Selbst der, der all dies ersann, verschwand,
Als hätte es ihn nie gegeben,
Oh wie ehrenhaft.

Ich bin.

Ich wär so gern
Und bin es nicht,
Ich hätt so gern
Und hab es nicht,
Mein Ich, es will
Und will dennoch nicht,
Oh welch Jammer es doch ist
Für meines Ego irdisch Ich.

Ein Ich gefangen
In seiner eigen Seele Lebenszeit,
Geschmiedet in der Glut
Unbewusster Geistigkeit,
Wo jede Saat zur Ernte wird
In des Egos traurig Lebensspiel.

Welch freudvoll, schrecklich,
Lustig, dramatisch Spiel,
Die Seele gefangen
In des Egos „Ich will",
Ein Wollen, das kein Wille ist,
Und ein ICH BIN,
Das das Sein nicht kennt.

Wo ist die Lieb,
Wo ist sie hin?
Wo ist der Geist
In allem Leben drin?
Das Ich, es ist
Und ist dennoch nicht,
Weil es die Lieb
Und den Geist
Seiner eigen Seele
Nicht kennt.

So ist das Ich nur das,
Was es in seiner Seele hat,
Denn was anderes
Kann dir das Leben nicht geben
Als das, was du dem Leben
Mit deinem „Ich" gegeben hast.

Darum, Mensch, erkenne,
Wer du wirklich bist,
Du bist nicht dein Ich,
Du bist ein geistig Wesen,
Von Gottes Lieb gegeben.

Du Schneeflocke meines Herzens lieb.

Oh du lieblich Wintertanz,
Im göttlich weißen Lichterglanz
Schwebst du aus der endlosen Stille
Von Gottes unendlichem Himmel.

Deckst alles zu
Mit deiner Pracht
In der Schöpfung schönster Nacht,
Wo einst das Christkind
Ward geboren,
In seiner Seele so rein
Wie dein himmlisch
Erdenkleid.

So viel Stille,
So viel Friede
Und so viel Liebe
In dunkler Nacht,
Wo das Licht des Heilands
Im Herzen mir erwacht.

Zu der Glocken süßem Klang,
Ein Wintertraum
Im Märchenland,
Wo der Schöpfung wahre Lieb

Uns mit deiner Pracht
Den Segen gibt.

So tanz hernieder,
Du Schneeflocke meines Herzens lieb,
Und erzähle mir in deinen Liedern,
Was einst geschah
In stiller Nacht,
Als der Heiland uns gebracht.

Du wundersames Schöpfungsspiel,
Bringst so viel Freud auf Erden hier,
Weil du mich zart im Herzen berührst,
Wenn ich deine Lieb
In meiner Seele spür.

Und so ist jede Schneeflocke hier
Ein Antlitz meines Schöpfers mir,
Wo alles ist im Geiste eins,
Die Schneeflocke, Ich und Du
Und aller Weltenschein.

Legionen des Lichts.

Ein Rosenkranz in meiner Hand,
In der Welt des Teufels Totentanz,
Das Gotteswort in meinem Mund,
Die Seele zittert und macht mich stumm.

Das Höllentor, es öffnet sich,
Ein Krieg auf der ganzen Welt
Von den Legionen der Finsternis,
Welch furchtbar Zeit all dies doch ist,
So viel Hass, so viel Leid
Und so wenig Herzenslieb.

Ein kniender Engel
Mit golden Haar,
Sein Haupt gebeugt,
Im Herzen schwer,
Sagt leis mit zarter Stimme:
Herr, bitte erbarme dich ihrer.

Er nimmt den Rosenkranz
Und küsst ihn zart,
Legt ihn um seinen Hals,
Steht auf und sagt:
Legionen des Lichts,
Erhebet euch.

Und es war, als würden plötzlich
Tausend Sonnen erstrahlen,
So glanzvoll stand sie da,
Gottes erhabene Engelschar.

Das Erdenvolk,
Es hat sein eigen Leben,
Einst den freien Willen
Von Gottes Lieb gegeben,
Ist es sein eigen Schöpfer hier
In seinem geistlos Weltenspiel.

Das Himmelstor, es öffnet sich
Und Millionen von ermordeten Seelen
Strömen zu den Legionen des Lichts,
Seelen, die reinen Herzens sind,
Ohne Hass, ohne Gewalt und
Ohne des Teufels grausam Lebenssinn.

Wie schön die Welt doch im Himmel ist,
Wo alles eins ist in Gottes ewiger Lieb.

Ein zarter Frühlingskuss.

Ein buntes Blumenmeer,
Des Schöpfers schönste Pracht,
Zwei funkelnd Augen,
Ein Kind, das herzlich lacht,
Der Vögel lieblich Gesang,
Der mich im Herzen glücklich macht,
Und die Erde, sie erwacht
Aus ihrem tiefen Winterschlaf.

Nun verzaubert sich die Schöpfung
In ihr schönstes Gewand,
Ein Meisterwerk in Vollendung
Von Gottes golden Hand.

Ein Füllhorn an Leben
Von Neuem erwacht,
Ein lebend Licht
In Gottes schönster Pracht,
Alles ist eins und dennoch für sich,
Alles ist Gott in seinem reinsten Sinn.

So viel Schönheit,
Einfach nur so,
Dient dem Leben
Und macht die Herzen froh,

Ist allen ein Segen
Im nährenden Licht
Und gibt so dem Leben mehr
Als es ihm nimmt.

Welch wunderbare Muse du doch bist,
Formst deine Lieb
Zu der Worte schönstem Gedicht,
Denn alles was ist
Ist aus demselben Geist geschmiedet
In der Schöpfung göttlicher Wiege.

Ein zarter Frühlingskuss
Mich sanft im Herzen berührt,
Auf dass auch in meiner Weltenseele
Wieder Gottes Lieb erblüht.

Das ist des Menschen Lieb.

Ein Mann, mit müden Augen kniet er da,
Den Kopf gebeugt, den Rücken grad,
Die Händ gefaltet zum Gebet,
Spricht er zu Gott:
Herr, bitte erlöse mich.

Vor ihm ein Grabstein,
Auf dem der Name seiner Liebe steht,
Die, seit sie gegangen,
Ihm im Herzen gar so fehlt.

Es ist, als wäre mit ihr
Auch seine Lieb gestorben
Und alles, was ihm dann noch blieb,
Waren seines Lebens Sorgen.

In seinen Träumen wünscht er sich,
Dass sie wieder bei ihm ist,
Dass seines Lebens Lieb
Wieder der Sinn seines Lebens wird.

Seine Augen sind des Weinens müd
Und sein Seelenschmerz ist gar so tief:
Warum konnt ich nicht vor dir gehen
In unserer beider Seelen Leben?

Bis der Tod uns scheidet, das war der Deal,
Doch die Zeit, sie verging viel zu schnell
Und das was im Herzen mir war so lieb,
Ist heute nur noch eine Erinnerung
An unser gemeinsames Lebensspiel.

Ich dank dir sehr, mein Seelenlieb,
Für die schöne Zeit mit dir,
Die du mir vom Herzen gabst
Bis ans Ende unserer Lebens bitteren Grab.

Ich bitte dich, wart auf mich,
Dass, wenn du wieder auf die Erde kommst,
Ich auch wieder
Die Liebe deines Herzens bin.

Das ist des Menschen Lieb,
Wie er die Liebe sieht,
Ein Bund fürs Leben, von Gott gegeben,
So lang, bis er im Geiste reift
Für der wahren Liebe Unendlichkeit.

Ohne Worte.

Seit vielen hundert Jahr
Ist der alte Handwerksladen
Für seine Kunden da,
Wo man mit Liebe bäckt
Das täglich Brot,
In guten Zeiten wie in der Not.

Es ist, als würde es die Zeit nicht geben,
So viel Korn, so viel Mehl,
So vielen Menschen zum Segen,
Wo des Bäckers fleißig Hand
Die Tradition und das Brauchtum
Wahrt in seiner Heimatstadt.

Wie wertvoll doch das Leben ist,
Wenn man es mit der Lieb
In seinem Herzen sieht,
Und so gibt der Bäcker dem Leben das,
Was Gott aus seinem Füllhorn
Uns Menschen zu leben gab,
Denn in jedem Korn ist Gottes Geist,
In seiner Schöpfung Ährenreich.

Den alten Handwerksladen,
Den gibt's nicht mehr,

Der Bäcker ist müd und gebrochen
Vom Irrsinn der Zeit,
Wo die Gier Weniger alles hat zerstört.

Heute ist sein letzter Tag,
Der Bäcker, er schaut zurück
Auf viele hundert Jahr,
Er nimmt das letzte Brot aus dem Regal,
Schaut es an und sagt ganz lieb:
Vergelts Gott, noch einmal.

Der letzte Bäcker sperrt die Türen zu,
Das Handwerk geht nun leis zur Ruh,
Was heut und hier gestorben ist,
Ist der Schöpfung tiefer Sinn,
Es ist die Lieb, die der Bäcker mit jedem Brot
Seinen Kunden mit nach Hause gibt.
Ohne Worte.

Ich habe immer die Wahl.

Ich habe immer die Wahl,
Auch wenn tausend Stimmen
In meinem Kopf
Oder um mich herum
Etwas anderes sagen.

Ich habe immer die Wahl,
Denn es ist mein Leben,
Für das ich die Verantwortung habe,
Denn ich muss auch
Letztendlich die Konsequenzen
Aller meiner Taten tragen.

Ich habe immer die Wahl,
Alles, selbst die von Wissenschaft und Religion
Für die Ewigkeit in Stein gemeißelten
Wahrheiten und Dogmen, zu hinterfragen.

Ich habe immer die Wahl,
Denn die Wahl zu haben,
Ist ein von Gott gegebenes Recht,
Das wir Menschen alle haben.

Ich habe immer die Wahl,
Denn Gott hat uns

Nach seinem geistig Ebenbild erschaffen,
Und dort, wo Gottes Geist auf Erden lebt,
Ist er der Schöpfer
Seines eigen Schöpfungswerks.

Ich habe immer die Wahl,
Auch die Wahl, keine Wahl zu haben,
Doch dann lebe ich nicht
Aus meinem Schöpfergeist,
Dann ist's ein anderer Herr,
Der meinen Geist in seinen Händen hat.

Ich habe immer die Wahl,
Alle meine Ängste und Zweifel zu besiegen
Und mich über mein eigenes niederes Sein
Und das niedere Sein dieser Welt zu erheben.

Ich habe immer die Wahl,
Mich als ein geistiges Wesen zu sehen
Und Gottes liebend Licht,
Das ich in meinem Herzen habe,
Einfach hier auf Gottes schöner Erde
Mit allem Leben zu teilen.

Du mein Seelenlieb.

Einst kniete ich
Vor einem golden Licht,
Eine Kinderseele,
Die sanft gegen den Himmel stieg,
Ihr Wesen so zart und rein
Wie Gottes schönster Lichterschein
Und eine Glückseligkeit,
Die die Welt nicht kennt.

Das Portal, es öffnete sich,
Wo die Seele sanft entwich
In ein gleißend göttlich Licht,
Oh wie schön du doch bist,
Du süßer Tod,
Lächelst mir in mein Angesicht.

Wie gerne würd ich jetzt mit dir gehen
In meiner Seele Heimatland,
Wo ich und du und die Welt und Gott
Sind im ewigen Licht göttlicher Liebe eins.

Doch die Zeit,
Sie war nicht reif,
Noch nicht jetzt
Und noch nicht heut,

Ich hielt des Kindes Seele
In meinem Arm
Und ich weinte gar so bitterlich.

Hab keine Angst,
Ich werde bei dir sein,
Werde den Weg mit dir gehen,
Den Weg deines irdisch Seelenkleids,
Und das bis ans Ende unserer Weltentage.

Einst kniete ich
Vor einem golden Licht,
Ein Licht,
Das lieb im Herzen mir ist,
Ein Licht,
Das auch in meiner Seele ist,
Ein Licht so wie du es bist,
Du mein Seelenlieb.

Dem Kräuterweib zur Ehr.

So steht sie da am Wegesrand,
Die goldne Sichel in der Hand
Und spricht mit dem Kräutlein,
Als wär's ihr eigen liebend Kind.

Ihr Geist ist eins
Mit dem Geiste aller weltlich Wesen
Und so kennt sie aller Wesen Seelen,
Die ihr die Heilkraft der Natur
Im Herzen offenbaren.
Selbst die Elemente verneigen sich
Und so sind Erde, Wasser, Feuer, Luft und Äther
Nur die Diener ihrer weisen Weltenseele.

Sie wissen mehr
Als man der Worte schreiben kann
Und mehr als alle Religionen lehren,
Denn ihre Weisheit kommt nicht vom Verstand,
Sondern von ihrem geistig Herzen.

Einst waren sie die Weisen dieser Welt,
Bevor die Kirchen sich
Der Menschen Seelen nahmen
Und die Wissenschaft sich
Der Menschen Körper zu eigen machte.

Doch mit dem Teufel ist nicht gut Kirschen essen
Und so folterte, tötete oder verbrannte man sie
Zu Hunderttausenden.

Es war das Ende einer alten und langen Ära
Von geistigem Bewusstsein,
Einem Bewusstsein, das die Erde
Vom Himmel nicht trennt,
Einem Bewusstsein, das allem eine Seele gibt,
Einem Bewusstsein, wo der Geist Gottes
Lebendig in der Schöpfung lebt.

Doch die Menschen verstanden nicht,
Was ihr Wissen wirklich war,
Weil sie nicht das sahen, was sie sahen,
Weil sie nicht das fühlten, was sie fühlten,
Weil sie nicht dasselbe Bewusstsein hatten,
Weil sie nicht das Licht des Lebens sahen
Und weil sie nicht die wahre Liebe
Zum Leben hatten.

Das Kräuterweib, so zart in ihrer Seele,
So demutsvoll in ihrem Wesen,
Nimmt das, was das Leben ihr gibt,
Und verneigt sich jeden Tag aufs Neue
Vor dem Wunder der Schöpfung,
In der sie Gottes Allgegenwart sieht.

Weise ist der,
Der mit den Blumen redet,
Der mit den Vögeln singt
Und mit dem Wind um die Wette läuft,
Der mit der Sonne tanzt
Und mit dem Monde schlafen geht.

Ehre sei dir,
Der man die Ehre nahm,
Möge dein Samen wieder
In unseren Herzen erblühen,
Sodass wir wieder den Geist Gottes
In der Schöpfung sehen.

Vergissmeinnicht.

An einem schönen Frühlingstag
Trug ich meine Herzenslieb zu Grab,
Die Vögel, sie sangen ihr schönstes Lied
Und in meiner Hand hielt ich
Die ersten Vergissmeinnicht.

So ging ich mit müdem Schritt
Und schweren Herzens
Den Weg, den niemand gerne geht,
Und folgte leise deinem Sarge
Dorthin, wo man deine Erdenhülle begrub.

Es war, als wäre es nicht Wirklichkeit,
Dass du noch in meinen Armen lagst
Vor gar nicht allzu langer Zeit,
Doch nun an diesem Tage hier
Verneigte ich mich still
Vor deiner Hülle, deinem Erdenkleid.

Natürlich wusste ich,
Dass der Tod des Lebens Bruder ist,
Doch insgeheim hoffte ich,
Dass wohl meine Seele
Als erste ging.

Es ist nicht leicht,
Wenn die Herzensliebe geht
Und einer dann noch übrigbleibt
In seiner Seele Einsamkeit.

Am Ende stand ich allein am Grab
Und weinte noch ein letztes Mal,
Legte die Vergissmeinnicht nieder
Und dachte nur,
Ob ich dir nicht bald folgen mag.

Nur der Frühlingssonne warmer Strahl
Und der Vögel lieblicher Gesang
Gaben mir einen Trost
An diesem meinem traurigsten Lebenstag.

Noch lange stand ich da
Und sann über unser Leben nach
Und wie schön doch unsere Liebe war
Und kurz nachdem ich gegangen bin,
Drehte ich mich noch einmal um,
Blickte zurück auf dein Grab und sagte leis:
Auf Wiedersehen und bis bald.

Meiner Seele Herzenslieb.

Eine holde Maid mit golden Haar,
Ihre Lippen süß, ihr Herz so zart,
Ein lieblich Lied voll Einsamkeit,
Gesungen mit trauriger Stimme,
Die ich tief in meinem Herzen hören kann.

Hoch oben im Turm der Burg,
Wo man ihre Lieb einst in Ketten legte,
Steht sie am Fenster ihres Zimmers
Und ihre Sehnsucht
Zieht mit dem Wind und den Vögeln
Weit, weit ins Land hinein.

Stolze Mauern erbaut aus Stein und Eitelkeit,
Davor ein Graben tief und breit,
Gefüllt mit den Tränen von
Ihrer Seele traurig Lebenszeit,
Und ich, ich steh davor und schau hinauf:
Oh wie schön du doch bist,
Du meines Herzens liebste Maid.

Doch mein Herzensblut ist stärker
Als alle Mauern dieser Welt
Und so schwimm ich
Durch die Tränen ihrer Einsamkeit,

Überwinde die Mauer von Hochmut
Und Eitelkeit,
Bis ich vor dem Eingang des Turmes
Ihrer Liebe steh,
Wo der Drache ihres eignen Egos
Ihr Herz und ihre Lieb gefangen hält.

Mit Schild und Schwerte steh ich da,
Mit festem Schritt und im Herzen stark,
Vor mir ein Feuer speiender Drache,
Mit vier Köpfen, einem für jede Tugend,
Die der Teufel in ihre Seele gegeben hat.

Ein Kampf beginnt auf Leben und Tod,
Doch das Schwert der Liebe ist stärker
Als des Teufels finsterer Spross
Und so schlage ich dem Drachen die Köpfe ab,
Auf dass der Stolz, die Arroganz,
Der Hochmut und die Eitelkeit
Keine Macht mehr
Über der Seele reine Liebe haben.

Nun halt ich dich im Arm,
Du meine liebste Maid,
Und so ist heut der Tag,
Wo ich die wahre Liebe meines Herzens
In meiner Seele wieder gefunden hab.

Ein Kind von Mutter Erde.

Wehende Fahnen,
Die Hand stolz zum Gruß erhoben,
Der goldnen Trompeten Fanfaren,
Ein Mensch, ein Volk, eine Nation,
Vereint im Blute seiner Ahnen.

Als Kind schon in die Wiege gelegt
Hat man der Menschen Identität,
Von gut bis böse,
Vom Freunde bis zum Feinde
Und von Recht bis Unrecht,
Alles wird schon im Vorfeld
Mit der nationalen Gesinnung geprägt.

So wird aus einem Ich ein Wir
Und dennoch bleibt es ein Ich,
Weil die Stimme des Volkes,
Geprägt von seinen nationalen Werten,
Sich nicht über die Begrenztheit
Des Egos erhebt.

Wie stolz sie doch schreiten,
Mit erhobenem Haupte und breiter Brust,
Und rufen in die stille Nacht:
Ich bin ein … und Schluss.

Der Weltenseelen freier Geist
Wird so seiner Freiheit beraubt,
Denn das Lied der Nation
Kennt nur eine Strophe
Und das ist der blinde Gehorsam
Bis in den bitteren Tode.

So liegen sie am Felde nieder,
Unserer Ahnen gefallene Krieger,
So viel Blut, so viel Tränen,
So viel Seelenschmerz.
Und für was?
Für die Ehre,
Die nie eine Ehre war.

Wenn ein Regentropfen in einen Tümpel fällt,
Wird er zum Tümpel werden
Und dennoch kennt er nicht
Die Stille und die Unendlichkeit der Meere.

So erhebe dich, oh Mensch,
Aus deiner Ahnen Erbe
Und erkenne:
Du bist nicht deiner Kinderwiege Lehre,
Du bist ein freies geistiges Wesen,
Du bist ein Kind von Mutter Erde.

Ein Rosenbogen der Liebe.

Geborgen ist die Frucht des Kindes
In der Mutter liebend Schoß,
Wo ein Seelenleben reife
Bis zur Geburt des golden Spross.

Ein Herz so zart und schlägt so fein,
Wie ein engelsgleiches Wesen
Trägt es sein irdisch Kleid.

Welch lebend Lieb, von Gott gegeben,
In unseren liebend Herzen gelegen,
Auf dass im Leben sich erfüllen mag,
Was der Seelen Leben
Auftrag war.

Ein Spross von Gott, ein geistig Kind,
In unser eigen Wiegen Lieb,
Ist nicht unser eigen Sinn,
Es ist der Sinn des Lebens selbst,
Das dem göttlich Kind zu eigen ist.

So ist des Kindes Seele nicht mein eigen,
Denn so wie Gott mir meine Seele gab,
So gab er auch dem Kinde
Sein eigen Seelenleben.

Jeder Mensch ist sich sein eigen Herr,
Ist der Schöpfer seines Seins,
Selbst das Kind im Körper klein
Ist im Geiste ein altes weises Wesen.

Die Seele ist das golden Buch,
In dem der vielen Leben Sinn steht,
Kind, so höre auf die Stimme deines Herzens,
Denn sie weiß am besten,
Was du im Leben brauchst.

Es ist nicht anderer Seelenleben Weisheit,
Es ist der eigen göttlich Seele Leben,
Dessen Streben dich in deinem Leben
Zur geistigen Vollendung führt.

Wir Eltern sind nur der Rosenbogen,
An dem sich die zarte Blüte des Lebens
Zur lichten Sonne hin erhebt.
Kind, so wachse und gedeihe
Nach deinem eigen göttlich Sinn.

Das Schneeglöckchen.

Ein kleines zartes Himmelskind
Verkündet uns den Frühlingsbeginn,
Wo es in seiner Zierde Pracht
Mit seiner Blütenspitze
Selbst durch den letzten Schnee
Im funkelnd Sonnenlicht
Des ersten Frühlingstags
Mich in meinem Herzen anlacht.

So stehst du hier
Im weißen Rock,
Den Kopf ganz zart geneigt
In deiner tiefen Demut Lebensfreud
Und bringst die frohe Kunde uns,
Dass der Winter nun sein Ende hat.

Wie von einer unsichtbaren Hand gezogen
Sprießt du aus dem Erdenboden
In einer Fülle, die kein Mensch zu ahnen vermag,
Aus deinem dunklen und kalten Wintergrab.

Jedes Jahr dasselbe Spiel,
So lädst du uns
Für eine kurze Zeit zum Freudenfest,
In deinem weißen Frühlingskleid,

Wo ich im Reigen deiner Liebe tanz
Im funkelnd Licht
Der Frühlingssonne Morgenglanz.

Und dann,
Wenn sich alles um dich herum erhebt
Und die Schöpfung erwacht
Zu ihrem jährlichen Frühlingsgebet,
Du, mein Schneeglöckchen lieb,
Dich für ein Jahr lang
Wieder schlafen legst.

So schlafe gut,
Mein Himmelskind,
Bis in einem Jahr,
Wenn ich wieder hier an diesem Ort
Über dich, über den Frühling
Und das Leben sinnen mag.

Stille.

Wenn ich nicht denk,
Gibt es niemanden in mir,
Der dem Leben eine Frage stellt,
Wenn ich nicht denk,
Gibt es niemanden in mir,
Der etwas wissen will,
Der sich Sorgen macht
Oder der den Zweifel kennt.

Ich bin,
Auch wenn ich nicht denk,
Und gerade weil ich nicht denk,
Bin ich, denn der, der nicht denkt,
Der keine Fragen stellt
Und nichts wissen will,
Ist der, der alles weiß,
Ist der, den man den Weisen nennt.

Es ist nur der Verstand des Menschen,
Der nach Wissen strebt,
Der alles wissen will
Und dem das Nicht-Denken
So gut wie unmöglich ist.

Die Weisheit bedarf der Gedanken nicht,
Denn ihre Quelle ist des Menschen
Göttlich Licht,
Und so denkt der Weise nicht,
Denn er, er ist.

Hinter dem, der denkt,
Ist eine Stille,
Und wenn du nicht denkst,
Dann hörst du sie,
Eine Stille, in der Gott
Leis ins Herz dir spricht:
Du bist alles was ist,
Du bist mein göttlich Kind,
Ich liebe dich.

Du bist eins mit Gott
Und allem Leben hier
Und so hat selbst das zarte Rosenblatt
Dieselbe liebend Gotteskraft,
Die auch du in deinem Herzen hast.

Hand in Hand –
ins Himmelreich.

Eine kleine Hand, die meine hält,
Voller Vertrauen,
Dass nichts Böses
Uns kann geschehen,
Eine Hand, die sanft in meiner ist,
So lieb und zart
Wie bei einem stillen Herzensgebet.

Eine kleine Hand,
Warm und weich,
So zart wie Gottes Himmelreich,
Eine kleine Hand,
Die mich im Herzen berührt,
Weil sie mich – und ich sie –
Durch unser Leben führt.

Eine kleine Hand,
Im Herzen mir lieb,
Weil sie ein Teil
Meiner unendlichen Seelenliebe ist,
Eine kleine Hand,
Die immer bei mir ist,
Weil sie die Hand

Meines Schutzengels ist.

Ein Engel zart,
Im Herz mir lieb,
Begleitet mich
Auf Schritt und Tritt
Und führt mich
Mit weiser Hand
In unseres Vaters
Gelobtes Land.

So sehe ich mit frohem Herz
Auf meines Lebens Schöpfungswerk
Und geh mit festem Schritt,
Mein Engel immer mit mir mit,
Der Sonne meines Herzens entgegen
Auf allen meinen Lebenswegen.

Die Brücke, die alle Kulturen eint.

Kulturen, Religionen, Länder, Rassen,
Alles vom Verstand der Menschen erschaffen,
Jede Welt von der anderen getrennt,
Weil der Mensch
Den Geist Gottes nicht kennt.

Eine duale Welt, in der jedes Volk
Sich für das Maß allen Lebens hält,
Wo jeder Gott der einzig wahre ist,
Ob für Moslem, Jude oder Christ,
Und wo jeder, der anders ist als ich,
Mir ein Fremder in meinem Herzen ist.

Ein Volk, es glaubt, es spricht,
Es isst, es tanzt, es singt,
Und noch vieles mehr,
Von dessen, was man sagt,
Dass es seine Kultur sei.

Doch ist es wirklich
Ihres wahren Wesens Sinn
Oder nur ihrer Hülle Weltenschein,
Definiert in Raum und Zeit?

Der Mensch ist das,
Was er aus sich macht,
Und kennt er
Seines eigen Geistes Wesen nicht,
Dann ist er ein Produkt
Einer anderen Macht.

Jede Kultur ist geprägt von ihrem Glauben
Und jede Kultur erschafft
Ein Wir und die Anderen
Und solange der Mensch
Sich nicht als ein geistig Wesen sieht,
So lange trennt er die Welt
In ein Du und ein Ich.

Die Brücke, die alle Kulturen eint,
Ist die übergeordnete Geistigkeit
Allen menschlichen Seins,
Denn des Menschen wahren Wesens Sinn
Ist Gottes lebend Lieb,
Die er in Wahrheit ist,
Und solange der Mensch das nicht erkennt,
Ist sich jeder Mensch – und jede Kultur –
In seinem Wesen fremd.

Der Seele traurig Weltenspiel.

Manches Mal sind der Tränen zu viele geweint,
Ist das irdisch Leid nicht mehr zu ertragen,
Wo des Menschen Schicksals Schmerz
Ist der Seele eine tiefe Narbe.

Ein Trauermarsch,
Ein blutend Herz,
Am grauen Wintertage
Und die Kinder gehen still einher
Bis zu ihrer Mutter einsam Grabe.

Es ist uns Menschen allen gewiss,
Dass der Tod unser irdisch Ende ist,
Denn er nimmt das Leben,
Das uns im Herzen ist so lieb,
Uns manches Mal einfach viel zu früh.

Der Tod hat eine Reihenfolge,
Die Alten gehen und die Jungen kommen,
So macht das Leben Sinn,
Das ist des Todes Lebensspiel.

Doch nicht heut,
Nicht an diesem Tage,
Heut steht die Mutter

An ihres eigen Kindes Grabe
Und hält ihr weinend Enkelkind im Arme.

Das ist wider das Leben,
Das macht keinen Sinn
Und dennoch ist es ein Teil von
Unserer Seelen traurig Weltenspiel.

So viele Menschen, so viel Trauer,
So viel Herz, so viel Schmerz
Und so viele Tränen,
Die dir auf deinem letzten Lebenswege
Noch einmal sagen:
Wir lieben dich.

Und dennoch hat alles einen Sinn,
Auch wenn Herzen gerade zerbrochen sind,
Doch leider, der Tod, er irrt sich nicht,
Er erfüllt nur das,
Was unseres eignen Lebens Schicksal ist.

**Zwei Herzen – ein Geist
im lichten Himmelsglanz.**

Ein funkelnd Licht,
Wie der Morgensonne zarter Strahl,
Eine lebend Lieb,
Die an Herzlichkeit nicht zu übertreffen ist,
Ein Glück, das im Herzen
Für die Ewigkeit geschmiedet ist,
So lieb ist's anzusehen,
Die Mutter mit ihrem golden Kind.

Eine Einheit der Liebe,
Die von Gott geschaffen ist,
Ein Bündnis,
Das über viele Leben hält,
Zwei Seelen vereint
In Gottes schönstem Weltentanz,
Zwei Herzen – ein Geist
Im lichten Himmelsglanz.

Ein golden Fluss,
Darunter ein schlagend Herz,
Samtweiche Lippen öffnen sich,
Um sich zu laben
An der Mutter liebend Brust,

Die dem Kinde
Nicht nur die Milch des Lebens gibt,
Sondern noch viel mehr,
Denn es ist ihre Lieb,
Die das Kind in Geist und Seele nährt.

Nichts kann so schön sein
Wie an der Quelle lebender Lieb,
In der Mutter zartem Arm,
Begleitet von ihres Herzen sanftem Schlag,
In absoluter Geborgenheit,
Eins mit dem Leben zu sein.

Das ist des Lebens wahres Glück,
Man gibt von Herzen das,
Was man zu geben hat,
Und bekommt es dann,
Als des Lebens Dank,
In tausendfacher Art und Weis
Aus der Fülle allen Seins zurück.

Meines Herzens Heimatland.

Du sanft geschwungenes Hügelland
Streckst dich zart dem Himmel entgegen,
Geformt von Gottes Hand,
Und bist im Herzen mir so lieb,
Weil du die Wiege
Vieler meiner Erdenleben bist.

Wenn ich auf deinen Wegen gehe
Und mich an alte Bäume lehne,
So sehe ich mich
An meiner früheren Leben Erdentagen
Und sehe all die Lieb zu dir,
Die ich seit damals
In meinem Herzen trage.

Alles ist mir so vertraut,
Wenn ich,
Im Herzen voll der Lieb,
In deine wunderschöne Landschaft schau,
Ein Stückchen Glück
In Gottes Erdenreich,
Ein Seelenfried,
Den ich zu schätzen weiß.

Heute wie zu aller Zeit
Leben hier so nette Leut,
Wo ich so manche wieder erkenne,
Die ich schon seit vielen Leben
Meine Freunde nenne.

Darum bin ich so gerne hier,
Am Fuße des Michelsbergs,
Und lasse meine Seele im Traume fliegen
Durch meiner schönen Erdenzeiten viele.

Nun bin ich auch heute wieder hier,
Stehe beim Kirchlein
Am Berge droben
Und sehe rings um mich herum
Eine Landschaft so schön
Wie von Gottes Lieb gewoben.

Eine Landschaft,
Wo jedes Stück ist im Herz mir lieb,
Weil sie die Freud meiner Seele
Und die Ruhestätte meiner Ahnen ist.

Wie sanft der Wind doch
Meinen Geist in die Ferne trägt
Und sich Glückseligkeit in meine Seele legt,
Wenn ich im stillen Gebet Dir dank

Für meines Herzens Heimatland.

Nun leg ich meine Feder nieder
Und lausche noch
Der Vögel Weisheit Lieder,
Denn auch sie erzählen mir,
Wie schön es doch ist
Hier am Michelsberg vor Wien.

Gottes Geist und Rosenlieb.

Gottes schönstes Schöpfungswerk
Ist wie ein endloses Blumenmeer,
Wo in aller Wesen Seelen
Eine Rose der Liebe ist gelegen.

Eine Rose zart,
Mit süßem Duft,
Im bunten Spiel
Der Lebenslust,
Ein Farbenspiel
Im funkelnd Lichterglanz,
Wo jedes Herz im Reigen
Von Gottes Liebe tanzt.

Ein Reigen der Glückseligkeit,
Wo Gott mit seinem Geist
Alles Leben in seiner Liebe eint,
Ein Reigen der Unendlichkeit,
Losgelöst von Raum und Zeit.

So ist der Rose Herzenslieb
Gottes Geist,
Seine lebend Lieb,
Die er in aller Wesen Herzen gibt,
Eine Lieb, die alles im Geiste eint,

Mich mit dir und Gott
Und allem Weltenschein.

Mensch, erkenne:
Dort wo Gottes Lieb nicht lebt,
Dort wurde die Rose der Liebe
Nicht gepflegt
Und ihre schöne Blütenpracht
Ist verwelkt in der Unbewusstheit,
Der Menschen Seelen dunkler Nacht.

So pflege sie gut,
Deine Rosenlieb,
Auf dass Gottes Geist
Der König deines Herzens ist
Und du zur Blume
Seiner Liebe wirst.

Die Wüstenblume.

(Ein Gedicht nach dem gleichnamigen Roman von Waris Dirie gegen die Beschneidung weiblicher Genitalien)

Du zarte Blume aus Gottes Hand,
Du zierst mit deiner Schönheit
Der Schöpfung kahlen Wüstensand,
Wo du mit deiner Seele rein
Und deiner Herzenslieb
Dem Schöpfer so viel Freude gibst.

Eine Welt aus Staub und Stein,
Befleckt, mit deiner Unschuld rein,
Wo der Teufel mit blutiger Hand
Dir im Namen Gottes deine Scham
Und deine Würde nahm.

Ein Ritual von Männern gemacht,
Um Frauen zu unterwerfen
Ihres Geistes dunkler Macht,
Wo jede Blume, die geboren wird,
Nur ein Teil ihres Besitzes ist.

Wie verrückt ist doch des Menschen Geist,
Wenn er nicht in Gottes Liebe reift,
Denn dann ist leider nur zu oft
Aller Menschen Brauchtum, Sitte und Religion
Des Teufels blutiger Lebenslohn.

Wie sinnlos ist doch des Teufels Werk,
Etwas so Reines und so Schönes
Einfach für seine Macht zu missbrauchen,
Als wäre Gottes Werk nicht gut genug
Für eine Männerwelt
Voller Wahnsinn, Macht und Geltungssucht.

Des Menschen Ego mit seinem Verstand
Hat den Teufel auf Erden zu einem Gott
Des Krieges, des Hasses und der Gewalt
Mit all seinen blutigen Ritualen gemacht.

Doch wenn du das Leben
Aus deinem Herzen siehst,
Dann erkennst du,
Dass Gott in seiner Lieb
Jede Wüstenblume geformt hat
Nach seines Geistes Ebenbild,
Und so ist jedes Menschenkind,
Egal ob Mädchen oder Bub,
Ein von Gott gegebenes Geschenk.

Und darum, Mensch, erkenne:
Ehrest du die Wüstenblume nicht,
Dann ehrst du auch Gott,
Ihren Schöpfer, nicht.

Das Blümchen klein, im Geiste groß.

Du kleines Blümchen fein
Stehst zart am Wegesrande,
Erfreust mich im Herzen sehr
Durch deines Antlitz Gnade.

Bist winzig hier in deiner Wiesenschar
Und dennoch groß im Geiste,
Wo Gott sich durch dich
Dem Leben offenbart.

Ob klein, ob groß, spielt keine Rolle
In der Fülle aller Schöpfungswesen,
Denn der Geist, der sie beseelt,
Ist im Großen wie im Kleinen derselbe.

Der Herrgott hat sie alle gerne,
Seine Erdenkinder,
Ob Blume groß und klein,
Ob Tier, ob Mensch, ob Stein,
Alle sind sie einst gekommen
Aus seines Lebens Schoß,
Um ihn in seiner Ehr zu preisen.

So steht es da, das Blümlein fein,
In Demut vor dem Herrn,
In seiner vollen Blütenpracht,
Neigt zart sein Haupt,
Um seinem Schöpfer leis zu danken.

Mensch, so steh auch du
Wie das Blümlein hier
Vor deinem Schöpfer da
Und erkenne dich im Blümlein wieder,
Denn der Geist, der euch belebt,
Kommt aus Gottes Gnaden.

Ein Blümlein klein, im Geiste groß
Ist mir mein geistig Bruder
Und geh ich fort,
So trag ich deine Lieb
In meinem Herzen weiter,
Dass auch ich mich stets daran erinnere,
Dass der Herrgott alles Leben auf Erden gebe.

Hab Dank, du kleines Blümlein fein,
Für deinen großen Geiste,
Der mich heut
Den Wert des Lebens lehrte.

Romantik
aus dem Ausseerland

Das Ausseerland in meinem Herzen.

Des Kaisers letzter Gruß,
Der Ahnen große Söhne,
Ein Dichter, der einsam am Ufer saß,
Des Bauern fleißige Hand,
Alles trifft sich wieder am Orte der Sehnsucht,
Wo die Liebe mich einst gebunden hat
Und mich jetzt auf ein Neues
Wieder hinführen mag.

Die Schönheit der Natur,
Die mich einst verzaubert hat
Wie die Liebe zu einer Frau,
Ist es,
Die mir das Gefühl der Geborgenheit gibt,
Das Gefühl, hier bin ich zu Hause.

So steh ich heute wieder hier,
Wie einst und alle Tage,
Wie in vielen Leben schon davor
Und alles, was ich in mir spüre,
Ist diese Liebe hier zu dir,
Zu dir, mein Altaussee.

Alle meine Spuren,
Die ich hier hinterlassen habe,

Kann ich heut noch einmal sehen,
Spuren der Vergangenheit,
Die nun zu meiner Gegenwart geworden sind.

Alles ist noch hier,
Alles lebt und ist noch nicht verloren,
Weil mein Herz es fest umklammert
Wie die Liebe einer Mutter zu ihrem Kinde
Und so liegst auch du in meinem Herzen,
Ein Juwel aus alten Zeiten,
Eine Liebe, die nie verlorenging.

So geh ich heut noch auf denselben Wegen,
Umrandet von denselben Bergen,
Und inmitten ein See,
Wo sich im Licht der Sonne
All die bezaubernde Schönheit widerspiegelt,
Wie die Sehnsucht meiner Seele
Es in meinem Herzen tut.

Alles ist in mir,
Ist nie verlorengegangen,
Hat nur darauf gewartet
Auf das Wiedersehen
In meinem liebend Herzen.

So wie ich es einst beschlossen hab,
Möchte ich es auch heute wieder haben,
Möchte hier leben, lieben und träumen
Und das so lange, bis ich wieder sterbe.

Ein Stück Erde, das mir
Zum Himmel geworden ist,
Zu einem Himmel an Glückseligkeit
In meiner Seele,
Doch wo ich weiß,
Dass am Ende all meiner Erdenreisen
Ich auch diese Liebe loszulassen habe,
Damit sich mein Sein letztendlich ganz
Vom Irdischen lösen kann.

Doch noch nicht heut,
Denn wieder sitze ich hier
Und schreibe nieder,
Was in meiner Seele mich bewegt,
Von der Schönheit dieses Landes,
Das auf ein Neues mich verzaubert hat.

Der Landschaft Schönheit spiegelt sich
In der Tracht der Menschen wider,
Die sie, wie die Natur ihr Gotteskleid,
Dem Leben zu Ehren tragen.

So schön kann das Leben sein,
Wenn man es wie die Natur
Im Einklang Gottes lebt,
So wie ein Kinderlachen
Die Reinheit seiner Seele zeigt,
Mensch, so lebe auch du
In Gottes Schöpfungswerk.

Behüte ihn, den Schatz, den Gott dir gab,
Den Schatz in deinem Herzen
Und den Schatz, den du dein
Zuhause nennen darfst,
Der dir in Liebe gegeben wurde
Von deiner Ahnenreihe.

Ein Schatz, der tief in deinem Herzen ist,
So wie das Salz des Lebens im Berge,
So hast auch du den Geist Gottes
Tief in deiner Seele
Und in deinem Herzen.

So ist das Leben eins in Gott,
Eins in seinem Geiste,
Wo die Natur und der Mensch
Im Reigen der Liebe
Die Göttlichkeit auf Erden preisen.

Nun ist die Zeit gekommen,
Um die Feder wieder ruhen zu lassen,
Damit die Muse mich auf ein Neues küssen kann,
Und um mir zu offenbaren,
Was der Geist des Lebens mir zu sagen hat.

So gehe ich mit einem offenen Herzen
In die Schönheit dieser Welt,
Wo mir der Wind vom Loser
Eine neue Geschichte
Über das Leben im Ausseerland erzählt.

Hab Dank an Land und Mensch
Für all die Liebe und die Schönheit hier
Und hab Dank an Gott, der all dies gegeben hat,
Damit wir Menschen es
In seinem Geiste für ihn verwalten.

Am Ufer von Altaussee.

Leise plätschern die Wellen dahin,
Über den glasklaren See
Bis zum Ufer meiner Seele hin.

Wellen, vom Winde getragen,
Wellen, die mir etwas sagen,
Wellen im tanzenden Spiel
Geben sich freudig dem Leben hin.

Wellen, die sanft meine Seele berühren,
Weil sie die Musik des Wassers sind,
Die Gott leis auf seiner Laute spielt
Und die mir im Herzen ist so lieb.

Es spiegelt sich im Wasser
Des Schöpfers Werk
Und die Wellen, sie nehmen es
Und tragen es fort
Und sie tragen Gottes Weltenspiel
Bis zu meinen Füßen hin.

Selbst der mächtige Loser
Tanzt über den See,
Er reitet auf den Wellen
Dem Abendrot entgegen,

Und auch mein liebes Altaussee
Wird mit der Sonne des Abends
Leis im Rauschen der Wellen untergehen.

Nun sind's der Mond
Und die Sterne der Nacht,
Die, von den Wellen getragen,
Mein Herz mir glücklich machen.

Ich sitze einfach ruhig und still
Und die Wellen bringen selbst
Den Himmel zu mir hin.

Im leisen Rauschen der Nacht
Geht meine Seele zu den Sternen
Und danket Gott
Für diesen schönen Tag.

Gottes Blütenzauber.

Man kann die Farben der Blüten nicht zählen
Auf der Almen schönen Wiesen und Wegen,
Eine Vielfalt von Gottes golden Hand gegeben
Zur Freud und zum Segen allen Lebens.

Unendlich weites Lebensspiel,
Mit dem Gott uns seines Geistes Fülle gibt,
Wo jede Blüte ist ein Tempel mir
Von Gottes Leben spendendem Geiste
Im Jetzt und Hier.

Jede Blüte und jedes Gras
Ist ein Wunder dieser Welt,
Das Gott in seinen liebend Händen hält,
Und so ist's, als würde es Gott selber sein
In seinem bunt schillernden Erdenkleid.

So viel Fülle und Vielfalt an Schönheit
Kann kein Zufall sein,
Nein, es ist ein Teil
Von Gottes großem Schöpfungsplan,
Den er uns und allem Leben
In seiner Lieb gegeben hat.

Die Natur ist ein Wunder,
Von dem der Mensch nur lernen kann,
Ein Wunder an Demut und Erhabenheit,
Durch das sich Gott
In seiner Schöpfung zeigt.

Darum, Mensch, sei achtsam
Und ehre diese Welt,
Weil hier auf Erden
Nur die Liebe zählt.

Das Salz aus den Ausseer Bergen.

Mit lieblichem Glanz,
Erschaffen von Gottes golden Hand,
Rinnt aus dem Berg die Sole,
Mensch und Tier zum Wohle.

Einst das Gold der Alpen,
Im stetigen Fleiß der Knappen,
Welch reicher Segen für die Gegend,
Weit über die Grenzen des Landes hinaus,
Noch viele tausend Jahr:
Glück auf!

Eine Tradition fast so alt,
Wie die Berge hier sind,
Ein Erbe aus früheren Zeiten,
Von den Ahnen gegeben
In die Wiegen allem neuen Leben,
Bewahret den Schatz tief im Berge drin,
Er ist auch die Zukunft für euer Kind.

Ein Schatz aus den Tiefen der Meere,
Jetzt im Herzen unserer Berge,
Ein Schatz so wie die Lieb
In unseren Herzen drin,
In Gottes schönstem Weltenspiel.

Und wahrhaft, es ist mehr wert
Als alles Gold der Welt,
Denn der Teufel hat des Menschen Seele
Mit Gold verführt,
Doch Gott gab uns das Salz des Lebens,
Das uns ein gesundes Leben garantiert.

So behalt im Herz, was Gott dir gab,
Das Salz aus den Ausseer Bergen,
Allem Leben zur Ehr.

Am Ödensee.

Ein grüner Kreis im Felsendom,
Eine Libelle erhaben über dem Wasser thront,
Die Blumen zart am Uferrand,
Alles Leben liegt in Gottes Hand.

Wie schön doch
Das hell funkelnd Sonnenlicht
Ganz leicht und spielerisch
Auf den Wellen tanzt
Und sich mit ihnen am Ufer bricht,
Ein Sinnbild von Ewigkeit
In Gottes großer Unendlichkeit.

Des Lebens Farben sind Blau und Grün,
Mit denen Gott das Blatt des Lebens füllt,
Wo er in seiner Fülle Weltenspiel
Uns eine Lebensvielfalt
An Möglichkeiten gibt.

So führt er den Pinsel mit zarter Hand
Und erschafft all dies hier
Mit seiner Sinne freudig Lebenstanz,
Wo alles ist im Geiste eins,
Der Berg, der Wald, der Mensch,
Gott, der Ödensee

Und sein silbrig glitzernd Sonnenschein.

Und der Mensch,
Er gibt das Seine dazu,
Er spielt das Horn
Mit ganzer Lieb
Und die Schöpfung,
Sie hört zu.

Wie sehr's mich doch im Herz berührt,
All die Schönheit in Gottes Gnaden hier,
Und ich,
Ich bin nur ein Teil davon,
Von meines Schöpfers großem Weltentraum.

Gott offenbarte sich mir dort wo der Himmel die Erde berührt, in den Ausseer Bergen und in meinem Herzen.

Halt an den Atem, halt an die Zeit
Und sieh, was der Herr dir gegeben hat
In der Schöpfung schönstem Kleid.

Ein Odem des Lebens,
Eine Ode der Freude still an dir vorüberzieht,
Ein Gruß vom Schöpfer:
Erkennst du mich in dir?

Als würde der Himmel die Erde berühren,
Eine Offenbarung des Paradieses auf Erden,
Wo alles eins ist im Geiste Gottes,
Alles eins, Ich und die Schöpfung mit Gott,
Alles eins und alles Gott.

Nun bin ich eins mit Dir, mein Herr,
Eins in Deinem bezaubernden Lebensspiele,
Und singe und tanze Dir zu Ehren
Mit der Schöpfung im Reigen der Liebe.

Alles in der Natur hat einen Sinn,
Wird von Deinen zarten Fäden gezogen,

Selbst der Schmetterling fliegt,
Als würde er von Deiner Liebe getragen.

Ein Quell des Lebens kreuzt meinen Weg,
Fließt still dahin mit seinem lieblichen Plätschern
Und mit ihm ein Band von ewigem Leben,
Gespeist aus Deiner Gnade,
Und so werden auch meine Schritte
Von Dir getragen,
Wenn sich mein Geist in Deinen erhöht.

Wohin meine Augen auch schauen,
Ist nichts als blühendes Leben,
Selbst der Fels in seiner schroffen Form
Hat Deine lieblichen Züge.

So geht die Zeit an mir vorüber
Und trotzdem steht sie still,
Denn in Deinen Armen liegend, bin ich hier
Und dennoch nicht Teil von Raum und Zeit.

Alles löst sich auf, Ich in Mir
Und Alles in der Welt,
Nur Du alleine bist die Einheit allen Lebens
Und das bis in alle Ewigkeit.

So mächtig und erhaben der Gletscher des
Dachsteins über uns thront,
So erhaben bist Du in Deinem Geiste,
In jeder Blume und jedem Stein.

Wir Menschen müssen wieder lernen,
Die Welt mit dem Herzen zu sehen,
Damit uns die Schöpfung
Den Schöpfer in ihr offenbaren kann.

So ist alles Leben eins in Dir,
Eins in Deinem Geiste,
Wo selbst der Stein zu mir spricht:
Siehst du denn nicht Gott in mir?
Ich und Du wir sind eins in seinem Geiste.

Ich kann nicht mehr, meine Beine versagen
Und ich knie mich nieder,
Ich knie aus Demut vor Dir, mein Herr,
Vor Deinem lebenden Geiste.

Nirgends fühle ich mich mehr zu Hause
Als in Deinem göttlichen Schoße,
Wo sich mein Haupt sanft auf die Wiese legt
Und meine Seele in Deine liebend Arme.

Einen Moment mit Dir eins zu sein,
Das ist die wahre Glückseligkeit auf Erden
Und das hast Du mir heute gegeben
Durch Deiner Schöpfung Gaben.

Nun trage ich diesen Schatz in mir
Nach Hause in mein tägliches Leben
Und segne jeden Mensch und jedes Tier,
Weil ich erfahren habe,
Dass Du alles Leben hier
Aus Deiner Liebe hast gegeben
Und Du dich so uns offenbarst
Im Kleinsten wie im Größten.

Alles Leben spricht durch Dich
Die Sprache der lebendigen Liebe
Und ich in meinem Herzen
Höre sie jetzt fortan bis in alle Ewigkeiten
Und lebe sie, weil ich nicht anders kann,
Als Dir, mein Herr,
In Demut und Liebe zu dienen.

Das Konzert in Gottes Herzen.
Juli 2016, Kurpark Altaussee
Ein Konzert der Salinenmusikkapelle Altaussee

In eines späten und lauen Sommerabends Stille,
Am Fuße des Losers in Altaussee,
Ertönt in der Ferne
Ein Wunderwerk der Blasmusik.

Wie schwarz-goldene Schwäne
Mit einem edlen weißen Haupt
Zieht ihr stolz und erhaben
In Reih und Glied an mir vorüber
Und spielt auf euren Instrumenten
Der Schöpfung schönste Lieder.

Selbst der Loser neigt zart sein Haupt,
Um eure Klänge besser zu hören,
Und auch das Echo in der Tresselwand
Hat Freude daran,
Eure Gottesklänge weiterzuspielen.

Es ist, als wäre die Zeit stehen geblieben,
Wie schon damals vor hundert Jahr
Verzaubert ihr die Menschen
Mit der Heimat schönsten Klängen,
Dem Volke, dem Kaiser

Und dem Herrgott zur Ehr.

So vieles in der Welt verändert sich
Und verliert an seinem Werte
Und wird schlussendlich
Nach so mancher Generation
Mit einem Wehklagen zu Grab getragen,
Darum tut es besonders gut, zu sehen,
Wie ihr die Tradition eurer Heimat
In euren Herzen weiterleben lasst.

Was wäre eurer Stück Zuhaus
Ohne See, ohne Salz und ohne Loser,
Doch auch ihr gehört dazu,
In die Reihe dieser wunderbaren Weltengüter.

Euer geistiges Erbe
Liegt nicht nur an den edelsten Dichtern,
Die an euren Ufern schrieben,
Es liegt auch in euren Seelen,
Wie ihr die Tradition eurer Heimat
Weiterleben lasst.

Hier in Altaussee habt ihr es verstanden,
Die geistigen Schätze
Im Salz der Ewigkeit zu konservieren,
So tragt ihr heute noch wie gestern

Die Lieb in euren Herzen,
Die Lieb zu eurer Ahnen Werten,
Werten für die Ewigkeit.

Ich kann euch heute nur eines sagen:
Habt Dank, habt tausendmal Dank
Für diesen wunderbaren Abend,
Wo ich heute für kurze Zeit
Ein Teil eurer Seelen werden durfte.

So spielt weiterhin
Mit derselben Freud in euren Herzen
Wie schon die Generationen vor euch
Und auch diejenigen,
Die euer Erbe weitertragen werden.

Jetzt spreche ich noch
Aus dem alten Geiste der Monarchie zu euch:
Da Kaiser hät a Freid mit eich!
Und in diesem Sinne:
Glück auf!

Meines Herzens liebste Weltenstadt.

Worte sind der Ausdruck der Seele,
Mit denen der Dichter
Die Bilder seines Herzens malt
Und womit er mit all seiner Lieb
Der Schöpfung leis ein Dankeschön sagt.

Ein Bild, das Gott mit goldner Hand
Der Schöpfung einst gegeben
Und das dem Dichter hier zur Muse wird
In seiner Dichtkunst Streben.

Doch manches Mal fehlen die Worte mir,
So schön und erhaben ist die Schöpfung
Hier in Altaussee,
Will ich schreiben und kann es nicht,
Weil in meinem Herzen,
So wie auch hier am See,
Einfach nur Stille ist.

Alles verliert sich hier in Raum und Zeit,
Selbst des Dichters Wort
Verschwindet in Gottes ewiger Unendlichkeit,
Nur die Lieb im Herzen ist's, die bleibt,
Die Lieb zu Altaussee, zu den Bergen
Und zu den lieben Leut.

Und so lege ich die Feder nieder
Und höre der Vögel lieblich Lieder,
Wo auch sie die Schöpfung preisen so wie ich,
Nur halt mit ihrer himmlischen Musik.

Der Worte sind's nicht viele heut
Und dennoch ist mein Herz
Voller Glückseligkeit,
Weil mich alles hier verzaubert hat,
In meines Herzens liebster Weltenstadt.

Du mein Altaussee.

Du fehlst mir so, mein Altaussee,
Das tut im Herzen mir so weh,
Weil ich nicht mehr bei dir bin,
Dort wo meine Seele
Gar so glücklich ist.

Und jedes Mal
Lass ich zurück
Von meiner Lieb
Ein kleines Stück.

Und so sehnt mein Herz
Sich gar so sehr
Nach der Lieb,
Die ich an dir
Verloren hab.

Eine Landschaft geformt aus Gottes Hand,
Inmitten ein glasklarer See,
An dessen Ufer ein steiler Fels,
Die Tresselwand,
Und auch der Loser beugt sich vorne über
Und denkt sich so wie ich:
Lieb sind's meine Ausseer.

Doch Gott war das nicht genug
Und so setzte er den Dachstein noch dazu,
Der über all dem mächtig thront
Mit seinem weißen Gletscherdom.

Hier am Ufer deines Sees
Hab ich mein Herz verloren,
Denn tief in meiner Seele drin
Spüre ich,
Dass du, mein Altaussee,
Die Liebe meines Lebens bist.

Nun sehn ich mich
Nach meiner Lieb zurück,
Die meinem Herzen ist so fern,
Und hoff, dass ich bald wieder komm
Ins schöne Altaussee,
Wo meine Seele ist zu Haus.

Ausseer Mundartgedichte
(Genauso wia mas redt)

Durt wo de Narzissen blian.

Es rauscht de Wön am stün See,
am Dochsta drobn,
do glitzat da Schnee
und i, i sitz do am Ufer
vom schen Oidausseersee.

A Laundschoft wias schena ned geht,
a grüns Märchn,
in seina Mittn da See
und iba oin thront da Loser
mid seina mächtign Höh.

Und durt
wo da Berg in See gibt de Haund,
durt liagt es klane Derfe,
wias ned schena sei kunnt,
a molerischa Ort,
mittn in de Berg,
des is a Freid fia de Sö
und a fias Herz.

Des Oidaussee is afoch nur sche,
es is a Stickl vom Himme,
wos uns da Herrgod hod gebn,
so wia is Soiz im Berg

fia ollas Lebn is a Segn.

Und de Leit,
se daunkns in Herrn,
indems is Erbe
vo eanane Ahnen ehrn,
se trogn de Trocht
mid Würde und Stolz,
weus wissen,
da Herrgod, er täts so woin.

Durt wo de Narzissen blian
hod launge Zeit is Soiz im Berg
is Leben dirigiert,
oba heit is nimma so,
heit spüts do an ondan Ton
und des is de Liab vo de Leit
und de Schenheit vo da Natur.

Is Feierwehrfest in Obertressen.

In Obertressen beim Feierwehrfest
woas a recht sche,
do hods wirkli guade Hendl gebn,
oba de hom durt no wos,
des host ned boid wo gseng,
an Flohmoakt, do gehts scho boid
um Tod oda Lebn.

I bin wirkli ka klana Zwerg,
oba durt hed i aus Aungst fost blead,
do stengan de Leit
zum Sturm bereit
und waun da Startschuss foit,
daun gibts a kan hoit.

De Obertressner Feierwehr
erinnert mi eher on a Eliteeinheit,
weu waun de Meute
zu de Standln stürmt, daun is der Nahkompf
es beste Mittel zum Ibalebn.

An vorderster Front,
wia scho zur Kaiserzeit,
des ungarische Geschwader,
weu des kennt ka Mitleid

und wos de woin, des kriagns a,
weu sunst mochns aus dir
an ungarischen Pusztasolot.

Des muas ma scho amoi gseng hom,
so mocht Shopping Spaß,
dagegn is es Wrestling im Fernsehn
wirkli a Schaß,
oba des gonze dauert ned laung
und boid drauf is wieda aus
der gonze Flohmoakt-Tamtam.

Visavis beim Fetznmoakt,
durt dednsases ned traun,
weu do san de Obertressner Hausfraun,
in eanana feschn Trocht stengans do
und genauso gsittet wia se san,
genauso spüt sa se durt a o.

Oba olle Johr waun i kumm,
schau i mas au,
weu es is wirkli sche,
guad und a a rechte Gaudi,
des Festl beim Obertressner Feierwehrhaus.

Da Erzherzog Johann.

Juli 2016 im Kurpark Bad Aussee
Ein Gedicht über das Erzherzog-Johann-Denkmal

Da eisane Erzherzog
im schen Bod Aussee,
der steht und woat auf sei Nannerl,
so wias scho oiweu is gwesn.

A Postmasterstochter,
im Wesn gonz liab,
de hod eam is Herz gstoin
und nimmamehr gebn.

Wia sche is de Gschicht
vo da ewigen Liab,
wo da Adel se hod
ins afoche Voik verliabt,
a Ausseer Madl, im Dirndl so fesch,
do hods in Johann glei ausseghaut
aus seina gstondan Wäsch.

Und wias hoid im Märchn so is,
hod de Liab iba de höfische Tradition gsiegt
und de zwa san wurn a glicklichs Por
und des bis an eana Lebn
letztn Tog und Johr.

Da Erzherzog Johann woa a weise Sö
mid an feinen Sinn,
der hod genau gspiert,
wos im Lebn
guad, sche und wichtig is
und drum hoda gmocht,
wos is Herz eam sogt
und des a
sein hochen Stond zum Trotz.

Do zu stehn,
des mocht eam recht a Freid,
do in schen Kurpark in Bod Aussee
mid oi de liabn Leit,
oba de meiste Freid
hod a im Herzn drin,
waun a feschs Madl in an Ausseer Dirndl
on eam vorüberziagt.

Do konns scho sei,
das a in eisan Schädl draht
und se denkt:
mah so liab,
genauso wia mei Nannerl
anno dozumoi. Erzherzog Johann,
i daunk da recht sche,
du host dein Voik wirkli vü gebn.

Am hintern Gosausee.

Hoch drobn thront er mächtig und groß,
a Urkroft aus Fös hort wia Beton
und in da Mittn ruht sonft in sein Schoß
a klora See mid ana urigen Oim.

A Freid is in mein Herzn,
das i do sei derf,
im Herrgod sein Himme
goa ned so weit.

A Ziagn spüt auf
und de Leit schrein juchhe
und de Kiah stengan im Wossa
und schaun a recht sche.

Da Dochsta schaut owa
und a i schau eam au,
zwa Tempel Gottes,
da ane hoid groß,
da ondere kla.

Hob scho Ehrfurcht im Herzn
vor so vü Schöpfergwalt,
bist a prächtiger Berg,
groß und erhaben,

so wia a mir hoid gfoid.

Herunt do im Wossa
vom hintern Gosausee,
jo do konn i di a seng,
hoid dei Spiaglbüd
und daun bist hoid
dopped so sche.

Waun i di auschau,
daun gibts ka Zeit,
weu di hods scho imma gebn
und ollaweu.

De Turi, de rennan
bergauf und bergo,
oba dir is wurscht,
weu du bist jo scho do.

Schaust afoch ins Laund
und denkst ned vü noch
und wünschst uns no ollan
an wunderschen Tog.

Mei Ausseer Herznsliab.

Es gibt a Stickl Laund,
des is fia mi da Himme auf Erdn,
weu durt hob i mei Herz verlurn,
gonz obn auf da Oim
in de Ausseer Berg.

Wo da Dochsta mi vo da Weidn griast
und da Enzian goa so sche bliad,
do drobn,
durt wo da Himme de Erdn berührt,
durt is mir im Herzn goa so liab.

Es is wia a ondere Wöd,
wo ollas wos im normalen Lebn wichtig is,
afoch ned zöd,
weu do, vorm Schöpfer sein Angesicht,
do gibts nur ans
und des is dei Herznsliab.

So wia de Natur beigt ihr Haupt
und in Herrgod recht daunkt,
mid de schen Bleameln,
midn Duft und eanana Forb,
so is a in meina Sö drin,
das i in Herrgod daunkbor bin

fia ollas wos a uns do
mid seina Schöpfung gibt.

Des Paradies konn ned schena sei
ois do auf da Oim
in de Ausseer Berg,
durt wo da Odla fliagt
und de Kuah de auschaut gonz liab,
und i, i bin mittn drin
in Herrgod sein schenstn Wödngspü.

Es gibt a Stickl Laund,
des i mei Heimat nenn,
weu i afoch nix schenas kenn
und so ziagts mi imma wieda her zu dir,
zu dir, mei Ausseer Herznsliab.

Classic Alpin.

9. 7. 2016

Ein Konzert beim Augstsee am Loser, Altaussee

Es is ois war de Musi grenzenlos,
bis weit eine ins unendliche Oi,
a Klaung, der bis ins Herz geht
und vo durt bis in de gonze Wöd.

Wo söbst da Loser neigt sei Haupt
und gonz neigierig schaut,
wos do fia a feine Musi spüt,
do herunt am Augstsee
im schen Oidaussee.

A Kulissen wias schena ned geht,
rundherum de Berg
und in da Mittn da See
und auf ana klan Bühne
des Esemble aus Wien,
des is wia a musikalisches Schöpfungsgebet.

De Musi eint im Herzn des
wos da Vastaund im täglichn Lebn trennt
und des is des Gfüh
tiaf in meiner Sö drin:
Mia san olle Kinder

vom Herrgod sein großen Wödngspü.

Und so schwebn ma jetzt olle,
im Klang da Musi vereint,
auf da söbn Wön
in Herrgod sei ewige Unendlichkeit
und de Musi, de schwebt mid uns
und des a bis zur Tresslwond,
wo ihr Echo sie trogt
ins gonze Ausseerlaund,
wo söbst da große Dochsta,
wauna nur kunnt,
am liabstn tonzn tat.

Es is ma a Ehr, das i heit do sei derf,
waun se hod fia a kurze Zeit
da Himme mid da Erdn vereint.

Wia sche do des do is
und i bin ibazeigt,
das de Wöd dadurch
a klans Stickl a bessere wird.

In Lebn sei wohra Wert.

Wia ruhigs mir do im Herzn is,
Waun i hoch drobn
in de Ausseer Berg bin,
waun i do sitz auf an Sta gonz stü
und mi afoch nur gspier.

Des is ois täts mi ned gebn,
nur a Wir, des hast mi und de Wöd
und in Herrgod sei Strebn,
wo ollas is im Herzn mir liab,
jeds Kreitl und jede Biene,
de do so umanonda fliagt.

Unta mir des wödliche Strebn,
des is hoid ondas ois is Oimenlebn,
iba mir is nur mehr da Himme,
wo ollas is in Herrgod sein Sinn,
und i, i bin in da Mittn,
hoch obn auf de Berg,
wo de Erde in Himme berührt.

Wia sche is Lebn do is,
waun mas im Einklaung mid da Natur lebt,
waun ma afoch nur do is

und im gleichn Moß gibt
wia ma a nimmt.

Es mocht afoch ollas a Freid,
de Schenheit der Natur, de Stü
und de Unendlichkeit,
owa vor oin
des Ned-Vorhanden-Sein da Zeit.

Afoch nur im Hier und Jetzt zu sei,
kane Gedonkn, afoch nur Stü
und im Herzn de Freid,
so wia da Schmetterling
vo Blia zu Blia fliagt
und se ned sorgt,
wos da murgige Tog woi bringt.

I glaub, des is a in Herrgod sei Plan
und ned nur fia de Schmetterling,
sondan fia ois Lebn
und drum geh i so gern in de Berg,
weu i do tiaf in mein Herzn gspier
in Lebn sein wohren Wert.

Mundartpoesie

Romantische Worte,
die das Herz erfreuen

De Kuah.

Wauns frisst, daun leits,
wauns muht, daun schreits,
wauns steht und in Schwaf hebt, daun scheißts,
wauns rennt, daun hods a Freid.

Und wauns midn Schwaf umehaut,
daun hods a Quirks mid de Fliagn
so wia ollaweu.

Wauns in Schedl obehoit
und bes schaut,
daun is besser du rennst,
weu daun is a Stier,
der di ned kennt.

Oba wauns dosteht und glückselig schaut,
daun mökts de Beiarin gonz sonft
und ned da Baua so wüd wia a Sau.

Des is de Kuah, wia ma se kennt,
a liabs Wesn
vom Herrgod a Gschenk.

A sauas Gsicht.

Du greanblaue Zwetschkn drobn am Bam,
du lochst me goa so saua au,
oba wos sois, i wü di trotzdem hom,
a waunst schmeckst wia a Zitron.

Und so brock is
mid ana rechtn Freid, weu normal
do gibts no ka Zwetschkn um de Zeit,
wischs mid meine Finga o, beiss ene,
no wos soi i da sogn.

A so a saure Gschicht,
do verzahts ma glei mei gonzes Gsicht,
owa jetzt is a scho wurscht,
owe damit und furt.

Wengan Wurm,
do moch i ma sicha kane Surgn,
weu in so ana sauan Zwetschkn
tät söbst da Wurm
um sei Überlebn kämpfn.

Jetzt is de erste scho a weu unt
und i hob imma no an Lita Spucke
in mein Mund,

das wos so saua sei konn,
des geht ma goa ned ei
und drum iss i glei de Nummer zwei.

De schaut mi a bissl blaua au,
hengt a a bissl weida oman am Bam,
wurscht wos kosts Lebn, is scho pflückt
und hob mas a glei gebn.

Wos fia a Tortur, warum tua i ma des au,
in zwa Wochn folladns reif vom Bam
und i, i quö mi do mid de greanen o.

Saua mocht lustig, hob i amoi ghert,
owa i was ned, mir is grod eher zum rean
und daun foid ma a no ei,
olle guaden Dinge san drei.

A dritte, des überleb i ned,
mid dem sauan Gsicht,
do tät ma wohrscheinli
fia drei Tog is Lochn vergeh.

Am Schluss no de Quintessenz vo da Gschicht:
Iss de Zwetschkn erst daun, wauns reif is.

De wohre Herznsliab.

Wo is nur is Herz vo dera Wöd,
wo de Liab
is anzige is,
des wos wirklich zöd,
maunchmoi tua i ma
recht schwa, das is siach
da Menschheit ihr Herznsliab.

Natirlich is de Mama liab zum Buam
und a da eigane Hund
hod beim Voda kane Surgn,
owa ollas wos des Ego vo de Menschen
ned mid Mein definiert,
des wird a scho wieda ignoriert.

I man de Herznsliab,
de iba dem Ego sein Hom-Woin steht,
a Liab de uns mid oin verbindt
in Herrgod seina schen Wöd,
weus a in oin in Herrgod gspiert.

Des is a Liab, de ned drauf schaut
wos im Lebn kriagt,
sondern auf des,
wos in Lebn ausn Herzn gibt,

afoch wertfrei und echt,
so wias da Herrgod gern mecht.

Owa irgendwo is do a Föhla drin,
weu des mid da Liab
im Lebn gonz ondas rennt,
weu de Liab vo de Menschen is leidvoi sche
und waunst a Pech host,
verlierst a glei dei Lebn,
denn des Ego kennt kan Spaß,
entweder is es Liab
oder Hoss.

De wohre Herznsliab
uns der Herrgod vo Herzn gibt,
auf das de Wöd is Paradies wird,
owa nur waun da Mensch a
in Herrgod sei Liab auf Erdn lebt.

A so a liaba Bua.

Der, den jeda mog,
des is der,
der ollas mocht,
wos ma eam sogt.

Weu es jedem recht zu mochn,
des is schwer,
oba wauns ana schofft, daun is er.

Und so ringt a um de Gunst,
is liab, nett und angepasst,
a bei de bledn Hund,
das eam jo a jeda mog
und eams a dauernd sogt.

Weu des anzige wos er wirkli wü:
bitte, liabe Leit,
gebts ma doch des Gfüh,
das mi eh a jeda wü.

Oba es jedem recht zu mochn,
des geht jo ned,
des sog i da
wia es Amen im Gebet,
do bleibt ana auf da Streckn

und des bist du söwa,
do hüft da a ka Betn.

So wia a Radl im Wind
drahst de in denan Leitn eanan Wödngspü,
oba wer frogt di,
wos du eigentlich wüst,
ka Mensch und nedamoi du,
weust di söwa ned kennst.

Des is in Ego sei ondas Gsicht,
do herrscht a ned,
weu a se do söwa dient,
owa da foische Liebesdienst,
der bringt da nix,
weus in Wirklichkeit
nur a Bedln is fian Ego sei Profit.

Angepasst is nix ondas
ois sei eigane Sö zu verrodn
und der Preis dafia,
das de a a jeda mog.

Is I-Phone.

Jetzt sitz i do
midn I-Phone in da Haund
und les de Zeidung,
ois hät i wirkli ane in da Haund.

In den Kastl is afoch ollas drin,
ned nur de Zeidung,
sondan de gonze Wöd,
nur hoid ned auf Papier.

A Spüzeig fia Kla und Groß,
des a no büdn tuat,
wost ollas host in ana Haund,
a Telefon, a Fotoapparat, a Musiaunlog
und vo da Schöpfung de Datenbox.

Wia konn des sei,
wia hods des gebn,
a Zeit wo de Leit
ohne I-Phone
hom miassn lebn,
wos hom de nur dau
mid eanane Händ,
vielleicht homsas gföitn
zum stün Gebet.

Ollas is do,
zum Obruf bereit,
a waunst as ned brauchst,
schlecht is ned,
des anzige wost jetzt hoid ned host,
is de Stü im Jetzt
und vo dein Geist de eigane Kroft.

Weu du konnst tuan und lossn wost wüst,
des blede Kastl host imma in da Haund
und söbst waunst de Geliebte host visavis,
so vü wia is I-Phone,
des konn de nie.

De Quintessenz vo da Gschicht:
des Kastl is scho praktisch,
oba da Inhoit vom Lebn
is es sicha ned,
weu des wos im Lebn wirkli zöd,
des is de Liab in dein Herzn
und vielleicht do es stüle Gebet.

Da Kirschndiab.

De Kirschn hoch am Bam drobn,
de hob i jo so gern,
doch leida hob i do an Quirx,
weu se in Nochban kean.

Drum nimm i a nur de,
de wos iban Zaun umehengan,
und hoid a no de,
wos meine Händ sunst no daglengan,
oba olle ondan, de ria i ned au,
weu sunst wird mei Nochba
so wüd wia a Sau.

Weu da Nochba,
der liabt de Kirschn so wia i
und drum hosst a nix mehr
ois an grindigen Kirschndiab.

Am liabstn dedas jo zön,
damit eam jo kane föht
und wehe do fliagt a Vogl am Bam,
do schreid a glei Alarm.

Schleichts eich, es Viecha,
sonst schias i eich o,

des san meine Kirschn,
i drah eich glei ham!
Und dabei rennt a
wia a Nor uman eigan Bam.

Oba waun da Nochba ned daham is,
jo daun hod a sturmfrei, da Kirschndiab,
do is schnö de Latta ghoit,
ume iban Zaun, auffe am Bam
und mid Voigas friss i glei a gonze Seitn la.

Oh Maria, is mia schlecht, nur schnö owe
und ume iban Zaun wia a Hecht
und sche in Goatn glegn
und so tan ois wa nix gwesn.

Wia da Nochba kummt und siacht sein Bam,
des woa a mächtigs Tamtam,
der hod gschrian und brüd:
Wo is a, da Kirschndiab?
Siacht mi im Goatn liegn,
in da Hond, do hod a scho
hoch erhobn in Besn
und i sog nur midn voin Bauch
und an bradn Grinsn:
So vü Vägln, ewig schod um de guadn Kirschn.

Wos wa des fia a Wöd,
waun da Mensch ned sei Ego hät?

Maunchesmoi sitz i do
und schau ma so de Wöd au
und denk ma:
Wos is woi in Lebn sei Sinn?
Und waun i ma daun des ois so auschau,
daun was i ans:
gonz sicha ned vo da Menschheit is Strebn.

Weu waun ois Lebn
so wia da Mensch auf Erdn wa,
daun wa a Irrnhaus dagegn
a Lerchnschaß.

Schau da nur au,
wia da Mensch auf Erdn lebt,
er glaubt wirkli des is sei Planet,
wo a mochn konn wos a wü,
in sein Geistes sein wirren Wödngspü.

Da Mensch hod scho a kraunke Sö,
wo is Strebn vo sein Ego ois is,
wos in sein Lebn zöd,
und so is vo seina Tugend des Zü

da Wettbewerb und sei Sieg.

Es is eam wurscht wos midn Lebn gschiacht,
Hauptsoch es Ego kriagt des wos a wü,
weu Ansehn, Ruhm, Mocht und Göd,
des is Glückseligkeit in Ego seina Wöd.

Maunchesmoi glaub i,
das da Herrgod de Schöpfung gmocht hod,
owa das da Teife eam zfleiss
in Menschn hod gmocht,
a Wesn, des gonz ondas is
ois ollas ondare Lebn.

A Wesn des ned
im Einklaung mid da Wöd lebt,
sondan dem de Wöd zu dienen hod
fia sei unterdrückerisches, ausbeuterisches
und mochtvolles Strebn.

Owa vielleicht wa da Mensch
a goa ned so schlecht,
waun a ned sei Ego hät.

Waun de Kirchnglockn leit.

Waun ins Laund de Kirchnglockn leit
und ollas Lebn
ehrfurchtsvoi sei Haupt neigt,
daun is fia des Herz vo an Christen de Zeit,
das es zum stün Gebet schreitet.

Es is ois waun de
da Herrgod söwa ruafn tat,
a himmlischs Leitn,
wos da Wind ibas Laund
in jede Sö einetrogt.

Da Glocknklaung allane
is scho wia a Gebet,
des Frommigkeit, Demut
und Friedn iba ois Lebn bringt.

Und so ziagn de Leit in stüla Schor
vorm Herrgod sein Oitor
und hern durt in da Mess
in weisen Worten,
wos uns da Jesus einst hinterlossn hod
in sein heulign Lebn.

A Werk vo da Liab,
wias schena ned geht,
weu er hod wirkli
gonz nochn Herrgod
seine Gebote glebt.

A so a söligs Lebn,
nur Frieden und Liab
hod a oin Lebn gebn
und des is des,
wos i a in de Glockn her,
waun is tiaf in mein Herzn gspier:
Des is da Schlissl in mei Himmereich,
kumm, leb dei Liab und foig ma.

Wia sche is do da Glocknklaung,
der gonz leis in mei Herz mir sogt:
Da anzig wohre Gottesdienst
is waun du in Herrgod sei Liab
auf Erdn lebst.

So leit de Glockn bis in olle Ewigkeit
von Nächstenliebe und Glückseligkeit.

Da Herrgod hät a Pause braucht.

Da Herrgod,
er schaut auf sei Schöpfungswerk
und denkt se nur:
Irgendwos rennt do vakehrt.
Soit de Erdn ned es Paradies sein
und de Menschn im Geist mir gleich?

Owa waun i des so siach,
denk i ma nur:
Komisch, owa da Mensch,
der hod ned so vü vo mir.
Irgendwo hob i do an Föhla gmocht,
vielleicht hät i nochn fünften Tog
do a Pause braucht,
bevor i den Menschn erschoffen hob.

I hob mas eh glei denkt,
das des midn frein Wün
ned guad ausgeht,
owa wos sois,
jetzt is scho gscheng,
jetzt muas de Schöpfung
hoid damit lebn.

(De ondare Seitn.)

Da Teife,
er sitzt in seina Höllengluat
und hod recht a Freid
mid oi de Menschenleit.

Schau nur wia sche,
denkt a se,
so vü schlechte Tugendhaftigkeit
bringt uns so vü schenes Höllenleid.

Da Mensch ist wohrhoft mei Ebenbüd,
Neid, Hoss, Ehrgeiz, Intoleranz, Gier
und ibaroi wo ma hieschaut is a Kriag
und söbst de Religionen, de dienan mir.

Und da Mensch,
blendt vom Hochmut und vo da Arroganz,
der checkt goa nix,
er hoit se no fia de Krone vo da Schöpfung
und geht mid hoch erhobenem Haupt
in sein eiganen Untergong.

Saunafreuden.

Neilich in da Sauna drin,
i und tausend Kilo Fleisch
in Maunagstoit,
glaubts mas,
maunchmoi winschast da,
du warast blind.

Do is net ollas sche auzuschaun,
hoid ned so estetisch ois bei de Fraun,
weu da Mau kan Scheniera kennt,
sitzt do, de Fiaß ausanaund,
wo eams Eiersackl
bis zum untern Bangl hengt.

Und waun de Tia aufgeht
und a Frau kummt in den Raum,
do gengan de Fiaß
glei no weida ausanaund.

Sie, zierlich, fesch und nett,
setzt se in ihr Haundtuach gwickelt
ins letzte Eck,
schaut verlegn am Bodn
bei so vü männlichen Hodn.

Owa jetzt gehts erst richtig los,
de Männlichkeit pur,
weu jetzt schwitzns is Testosteron,
ana giast auf ois gabats ka Murgn
und sogt daun gonz elegant:
Junge Dame,
kenntns ma fias Wachln
eana Haundtuach borgn?

Steht do vor ihr wia Gott eam schuf,
hundertfufzg Kilo Lebendgwicht,
und ihr, der orman Sö,
ihr föht de Luft.

A so a schene Saunawöd,
wo ma se beim Schwitzn goa so gwöd,
weu de wichtigste Saunaregl föht
und des is: Mauna, bitte gebts de Fiaß zsaum
oda hengts eich wenigstens es Haundtuach um,
weu so sche wias glaubts
is des a ned auzuschaun.

Ka Plan.

Da Herrgod,
er schaut vom Himme owa
auf oi des Wödngspü
und denkt se nur:
Is des wirkli des,
wos i a wü,
oda is des in Teife sei Wödngspü?

Weu irgendwie
hob i des ondas plant
mid de Menschnleit
und eanan Lebnsplan,
weu waun ma do so siacht,
wos de do tan,
do siacht ma nur ans
und des is:
de hom kan Plan.

Daweu soi jo ollas
so harmonisch sei
mid da Schöpfung
und oi de Menschenleit.

Da Mensch ois Gottes Ebenbüd
und de Wöd ois Paradies,

des wia da Himme is,
und genau des woa da Plan
von unserm liabn Herrn Papa.

Und wia ma so siacht,
a guada Plan
der reicht oft ned,
weu des wos wir do tan,
des is nix ondas
ois in Teife sei Tamtam.

Denn da Mensch,
ois in Teife sei Ebenbüd,
vernicht ned nur de Wöd,
sondern a se söbst.

Herrgod, es tuat uns lad,
owa da Teife hod uns verzaht
und da Plan
vo dein Königreich auf Erdn,
der liegt do
bei deine Fiaß in Scherben.

A neiche Chance.

A Tog beginnt,
a neiche Chance,
wo i es Lebn hob
in meiner Haund,
a Lebn, wos ma da Herrgod hod gebn
zum Segn von oin Lebn.

Und leb is ned
so wia is im Herzn gspier,
daun verlier i mi
in a Wöd, de ned de meine is.

Weu nur de Liab is
des wos zöd
und de ma es Lebn mocht
zu an Herznsgebet,
und gspier i de Liab ned
in mein Herzn drin,
daun föht mia
vom Lebn da Sinn.

So faungt on jedem Tog
mei Lebn vo vurn wieda au,
wo i ma imma stö de gleiche Frog:
Is des, wos i mei Lebn nenn,

a wirkli gottgewollt?
Is mei Lebn a Gottesdienst,
wo i mid meiner Liab
oin Lebn dien,
oder bin i a Ego-Ich,
des nur se söwa
und den Seinen dient.

So is jeda Tog
fia mi a Chance,
das i in mein Lebn
a wos verändern konn
und am bestn is,
ma faungt glei
bei se söwa au.

De füle Rederei.

Des schenste Toi
konn schnö an Reiz verliern,
waun da Mensch in Massen durchziagt
und dabei nua vü redt
und deppat fotografiert
und weda de Natur
no se söba dabei gspiert.

Weu do in da schenen Natur
is nedamoi de Kuah so bled
und gibt afoch a Ruah.

Drum is de Kuah auf da Oim
mia liaba ois da Mensch,
weu se afoch nur is
und ned so vü denkt.

A gscheida Mensch.

A gscheida Mensch
is a Herrgodmensch,
a Mensch,
der auf de Liab head
in sein Herzn
und ned auf des,
wos a se denkt.

A intelligenter Mensch
is a studierda Schedl,
der goa vü was,
oba de Liab in sein Herzn
und in Herrgod ned kennt.

Drum is es Wissen
ned ois in da Wöd,
waun da de Weisheit
vom Herzn föht.

De gscheidasdn Leit
san oft de afochstn Leit,
weu de hom a Demut im Herzn
und a Ehrfurcht vorm Lebn
und so lebns eana Lebn
midn Herrgod sein Segn.

Schau das au, de Wöd,
da greste Bledsinn
kummt imma
vo de studierdn Leit,
weu de eanen Schedl
übern Herrgod stön.

Jetzt stö da nur vur,
waun ollas Lebn so wa,
a Irrnhaus dagegn
is a Lerchnschaß.

A studierda Hos,
der bauat se sei eigans Gwehr
und dei Hund fressat da jedn Tog
dein Kühschronk leer.

Wia sche is Lebn do is,
waunst a afochs Lebn
untan Herrgod sein Himme bist.

De Bauanleit.

I liab is Laund,
i liab de Leit
und weu is liab,
hob i im Herzn
so a Freid.

Weu waun i do so
übers Ländle ziag
und des schene Laund siach
und oi de liabn Leit
mid eanana Orbeit stetigem Fleiß,
do denk i ma hoid,
des tät a in Herrgod gfoin.

Mensch und Natur,
im Einklaung pur,
wo no ollas lebt midanaund,
da Mensch, de Viecha, da Ocka,
de Wiesn und sogor de Bam.

Ollas so wias da Herrgod hod gricht
auf seina Schöpfung ihrm voin Mittogstisch,
wo jeda vo jedn lebt
und wos kan dabei schlecht geht.

Jo, am Laund, do hom de Leit no es Gspier,
ned nur fias Göd im Bersl,
sondan a fia de Pflonzn und de Tiere,
weu eana de Schöpfung no heulig is
und weus wissen,
da Herrgod hod eanas nur gliechn.

Und diese Harmonie
zwischen Mensch, Natur und Vieh,
de mocht me froh,
weu do gspier i,
do is is Lebn no im Lot.

De Bauanleit san a frommes Voik,
des no vü auf de Tradition hoit,
wo vo jeher scho überliefert wird,
wia ma am bestn lebt
im Herrgod seina Wöd.

I donk eich sche,
bis boid
und Auf Wiedaschaun.

Is Sommakladl.

So a schenes Weibaleit,
in ihrn schenen Sommakladl,
wia se do so vor mir geht
und elegant ihre Hüften dreht,
do schlogts Herz gonz wüd in meina Brust,
oh wia sche is vo an sinnlichen Reiz de Lust.

Jetzt versuch i
a bissal schnöla zum geh,
damit i a siach,
ob se is vo vurn a sche,
weu wer kauft scho de Kotz im Sock,
vo hintn a Wucht,
vo vurn Nojo.

Oh Maria, is des Madl liab,
am liabstn follad i glei
auf meine Knia
und schauats au mid große Augn:
Bitte, du derfst ollas, nur ned na sogn.

Oba so spüt es Lebn ned,
weu auf amoi kummt a fescha Bua
und den bussalts recht o.

Heast is des a Pech,
wos wüsn vo den,
schod das mi no ned kennt,
oba hoit wos her i do,
sie sogt: Servus, mein Bruder
und liebe Grüße an die Mama.

Und auf amoi is ollas wieda im Lot,
i bin hier und sie steht do,
oba jetzt reiss i mi zsaum und red sie au:
Hörn Sie, Grüß Gott, schöne Frau.

Sie draht se zu mia um
und locht me au,
mei God, is mir im Mogn flau,
und sogt mid da schenstn Stimm:
Ja bitte was er doch will.

I, I bin da Ferdinand.
Dabei nimm i sie zärtlich on da Haund:
Und du, du gfoist ma recht sche,
host ned Zeit auf an Kaffee?
Sie schaut mi au
und lächelt mir zua:
Servas, i bin de Maria
und jo, warum ned.

So geh i mid da Maria de Stroßn entlaung,
schau ihr dabei gonz liab in de Augn
und sog mid freudiger Stimm:
Jetzt hob i grod mei Liab an di
und dei Sommakladl verlurn.

Da Denka in meina Birn.

Jessas marand Josef, na,
wos isn des fia a Kopfsolot,
dauernd bin i in mein Schedl drin
und denk so vü und denk so vü.

Und des vüle Denkn,
de is ned sche,
is zwoa oiweu ana do,
der mid mir redt,
owa sche laungsam glaub i,
i wea a bissl bled.

Und wos den ollas eifoid in meina Birn,
der kummt mid Gschichtn,
de scho laung kan mehr interessiern,
oder durt hoda a Problem,
des taugt eam ned
und daun tuat a wieda so,
ois wara da Superhöd.

Oba ans, des konn a ned, da Superhöd,
der konn ned a anzige Sekundn de Luft auhoidn
und afoch nur stü sei,
weu des is fix,
do foid eam glei wieda wos ondas ei.

Dabei hät i so gern de Stü in mir,
afoch nur do sei und mi gspiern,
ohne Redn und ohne vü Denkn,
mi afoch in der Stü
ons Lebn verschenkn.

Oba des erklär amoi dem Denka in mir,
der kennt des goa ned, das a se gspiert,
der is so fixiert auf sei eigane Wöd
und das des Ich vo eam dauand redt,
is a is anzige, wos fia eam zöd.

Des Hier und Jetzt, des kennt a ned,
weu a imma vo der Vergaungenheit redt
und waun a ma ned
vo da Vergaungenheit dazöd,
daun dramt a vo da Zukunft,
mei Superhöd.

Drum sog i da jetzt amoi wos,
i her afoch nimma zua wos du ma sogst,
weu dafia is ma mei Lebn wirkli zschod
und jetzt entschuidig mi,
weu i genieß grod
de Stü in mir.

Biotop Mensch.

I sog eich amoi wos,
des Lebn is scho a Plog,
do hob i letzns a Biachl glesn,
wos ma ois essn soi und wos ned,
es hast „Biotop Mensch",
a Biachl fias bessere Lebn.

De Quintessenz:
Ollas wos ma guad schmeckt,
is fian Kerpa schlecht,
und ollas wos a da Hos frisst,
fördert de Gsundheit
und verlängert da is Lebn recht.

De Kraunkheit liegt im Darm drin,
des hob i ned erfundn,
des hob i durt glesn,
und drum soist genau ochtn
aufs richtige Essn.

Iss laungsam, wenig und zur rechtn Zeit,
daun hom deine Darmbakterien a Freid
und waunst daun a no des Richtige isst,
daun feierns do drin glei a Fest.

Und trinken soist a recht vü,
leida nur a Wossa,
weu des ongeblich da Kerpa so wü,
drei Lita übern Tog vateut,
so stehts im Biachl drin, ma lahts obn eine
und, glaub mas, es dauert ned laung
und du konnst zuaschaun,
wias untn wieda ausserinnt.

Des taugt so an Friesling wia mia ned recht,
weu i bin scho a vafressana Hund,
i hau gern eine ois gabats ka Murgn
und natirle merk i, es tuat ma ned guad,
waun i beim Schuachbindn siach,
das ma da Bauch in Weg geh tuat.

Oba er aklert des im Biachl recht sche,
i bin ned nur i,
weu a mei Kerpa hod a Lebn
und den gehts ned imma guad
mid dem wos mei Ich gern essn tuat
und a mei Ich hod ka Freid,
wauns im Kerpa hod a Leid.

Und so geh i jetzt und is mein Solot
mid an guadn koitpresstn Öl
und dazua a Scheibn Voikornbrot,

drauf is a Butta mid Kreita de ausn Goatn san,
genau wia is zerst gsogt hob,
des is ned nur fia mi guad,
sondan a fian Hosn.

I daunk da recht, du weise Sö,
fia dei Biachl zu an bessan Lebn,
weu a wauns mei Ich ned hean wü,
du host scho recht
mid dem wos du host gschriebn.

Herznsliad.

Servas, ihr liabn Leit,
hobtsas scho gwusst,
beim Singen homs Herz
und de Sö a Freid
und da Geist,
der fliagt himmelwärts.

Weu beim Singen
san de Leit ned so wia ollaweu,
do is im Schedl gonz stü
und denkn tans a ned so vü.

Weu beim Singen,
do öffnet se es Herz,
oba wauns ned sche singan,
jo do is hoid a Schmerz.

Und leida, es is imma scho so gwesn,
der der wos am laudasdn singa tuat,
der singt wia a oids Hefn,
a wauns eam im Herzn freid,
es is hoid fia de ondan a Leid.

Guad, das da Herrgod midn Herzn head
und ned mid seine Uan,

weu do wa eam oft zum rean,
weu im Herzn,
do is ollas sche,
söbst waunst singst
stodn A a hochs C.

Drum Menschenleit,
mochts eich nix draus,
hauptsoch ihr singts
aus eichan Herzn
mid volla Freid.

Ob sche oda schiach,
des is gonz egal,
weu wauns vom Herzn kummt,
do wiads in Herrgod scho gfoin.

De Vergänglichkeit.

A Bladl foit
gonz wach und sonft
vom Bam owa
direkt in mei Haund.

A Lebn, des grod no woa
im Herrgod seina schenen Wöd
und des se jetzt in mei Haund
zum Sterbn glegt hod.

Des is dem Bam sei Wödenkladl,
des a olegt wia dem Menschen sei Sö
ihrn Kerpa
wauns zum Sterbn geht.

Nun liegt es do
in meiner Haund
und i schau gonz ehrfürchtig
auffe am Bam
und denk ma nur:
Ollas hod sei Zeit,
is Leben wia is Sterbn
und a is Obefoin.

So a klans Wunda
in meina Haund,
vom Herrgod erschoffn
oim Lebn zur Freid,
und jetzt is vorbei
mid seina Lebnszeit.

I donk da no amoi
vom Herzn recht sche,
du liabs Bladl,
weu Scheidn tuat weh.

Weu waun i di so siach,
do wird ma bewusst,
das a i irgendwaun amoi
sterbn muas.

Oba ned hier, jetzt und heit,
sondan am End vo mein Lebn,
waun de Todnglockn leit
und se mei Geist laungsam lest
vo meiner Sö ihrm Erdenkleid.

Du bist ma nur vorausgonga.

Is gonze Lebn sama zsaum,
im Herzn mid da Liab verbundn,
wias schena net sei konn,
und san froh,
das ma uns hom.

A Sönliab, de stärker ois da Tod is,
iba de Jahrzente gwochsn,
mid Höhn und Tiefn,
wias im Lebn hoid so is,
a Verbundenheit
bis in olle Ewigkeit.

Owa irgendwaun is de Zeit daun do
und ana geht voraus
ins stüle Grob,
beendet sei irdische Lebnszeit
und nur de Liab im Herzn is,
de wos bleibt.

Wia leer is jetzt is Lebn wurn,
ohne di föht ma irgendwos
on meine Lebnstog jeden Morgn,
waun i aufsteh
und di ned nebn mir gspier.

Ma is hoid gwent is gonze Lebn,
das imma ana do is,
mid mir auf oin meinen Wegn,
owa heit und jetzt is nimmamehr,
jetzt is nur mehr ana do, ala,
mei God, is mir zum rean.

Des is da Lauf der Zeit,
ana geht und ana bleibt
und mid eam de Einsamkeit,
owa nur so laung,
bis da Tod a eam befreit.

So wünsch i da a guade Reis
und daunk da no recht sche
fia unsere gemeinsame Lebnszeit,
auf a boidigs Wiedersehn
in unsern nächstn
liebevoin Erdnlebn.

Is Sönbüd vo mein Herzn.

Da Himme verfärbt se dunkelrot,
de Sun, se schaut fira iban Horizont,
es is wia a Gschenk vom Herrgod,
a Büdl gmoint aus sein Herzn,
wias schena ned sei kunnt.

A neicha Tog,
a neiches Lebn,
vo mein Schöpfa ma gebn,
is wia a Büd in meina Sö,
wo i aus mein Geist seina Kroft
des Lebnsbüd vo meiner Sö erschoff.

Wia sche is do des Schöpfungswerk,
gonz gleich wost hieschaust,
de Natur is in ihra Schönheit
dem Paradies gleich.

Obs de Blumen auf da Wiesn san
oder durt da schene Lindenbam
oder a de Vägel mid eanan lieblichen Gesang,
des is ois erschoffen
vom Herrgod seina liabenden Haund.

Und wia schauts do in meiner Sö aus,
is des Büdl vo mein Leben
a so wundersche,
gmoint aus mein Herzn,
vo dem wos i dem Lebn
mid meina Liab hob gebn,
oder is a düsters Büd
aus an koidn Herzn
ohne vü Gfüh?

Waun de gonze Schöpfung
in Herrgod im Herzn hod
und in ihrer stün Schenheit
ihr Liab mid oin Lebn teut,
daun konn i des a,
owa nur waun i mi gonz
in seine Händ foinlossn konn.

So Herrgod, i bitt di,
moch mi zu deines Geistes Ebenbild,
das a mei Sönbüd
so sche wia de Schöpfung is.

Lyrik des Herzens

Liebende Worte über Gott
aber auch kritische Worte
über Glaube und Religion

Danjabat Ananda.

Danjabat (Danke) Ananda (Glückseligkeit).

Ich danke Gott,
Der immerwährenden Glückseligkeit,
Für die Schöpfung,
Die Gott selbst ist in seinem Erdenkleid.

So ziehe ich
Durch Raum und Zeit
Und alles, was ich sehe,
Mich im Herz erfreut,
Denn alles ist in der Seel mir lieb,
Weil ich Ananda darin sehe.

Es ist wie ein zartes Licht,
Das in allem ist,
Ein Licht, das der Baustein
Der Schöpfung ist,
Und ich kann nicht anders,
Als Danjabat Ananda
In meinem Herzen zu singen.

Egal ob es der Vogel ist,
Der über den Himmel zieht,
Oder die Ähre,
Die sich sanft im Winde wiegt,

Selbst in der Wiese,
Die Gott mir als Teppich gibt,
Sehe ich sein golden Antlitz.

Alles ist im Herz mir lieb,
Weil es ein Teil von Ananda ist,
Und so sind Ich und Du
Und aller Weltenschein
Im Geiste von Ananda eins.

So gehe ich durch diese Welt
Mit einem liebend Herzen
Und einem frohen Sinn,
Weil ich Danjabat Ananda
Voller Hingabe in meiner Seele sing.

Ananda ist und
Danjabat ist der Weg dorthin.

Der wahre Gottesdienst.

Wenn Gottes Geist auf Erden lebt,
Dann ist's, als ob sich der Himmel
Und die Erde in seiner Liebe einen,
Denn eines ist gewiss,
Dass Gottes liebend Geist
Die lebend Lieb auf Erden ist.

Eine goldene Krone im lichten Schein,
Ein göttlich Strahl
Geht tief in mein Herz hinein,
Der Erde lebend Kraft
Ist wie eine Wurzel, die zart mich nährt
Wie eine Mutter ihren liebend Spross,
Und so eint sich in meinem Schoß
Der Welten lichter Glanz
Mit Gottes schönstem Lichtstrahl.

Und so verneige ich mein Haupt
Vor des Schöpfers Lebensspiel,
Wenn ich seine lebend Lieb
In meinem Herzen leb.

Denn dann lebt mein Ich
Nicht nach seinem eignen Sinn,

Sondern dann lebe ich mein Leben
Nach Gottes liebend Sinn.

Was kann es Schöneres geben,
Als der Schöpfung in Liebe zu dienen,
Wo Gottes lebend Geist
Mich zum Schöpfer seines Lebens macht.

Ein göttlich Licht,
Ein liebend Geist
Ist der Welt mehr
Als aller irdisch Weltenschein.

Und so, Mensch, besinne dich,
Wessen Geist du in deinem Leben dienst,
Denn der wahre Gottesdienst
Ist die gelebte Nächstenliebe
Zu allem Leben in der Schöpfung hin.

Das Weihnachtsfest,
die Geburt der Liebe.

Es war in Bethlehem vor 2000 Jahr,
Ein armer Zimmermann mit seiner Frau
Auf der Suche nach dem Ort der Niederkunft
Ihrer von Gott gegebnen Leibesfrucht.

Und Gott führte sie
An den wohl schönsten Ort
Dieser heiligen Nacht,
In einen Stall am Rande der Stadt,
Wo Josef seine Frau liebevoll
In golden Stroh bettete,
Um das zu erfüllen,
Was man einst geschrieben hat.

Selbst die Engel stiegen vom Himmel herab
Und gesellten sich zu den Tieren im Stall,
Um das zu preisen, was heut geschehen mag,
Die Geburt des Heilands, sie ist nah.

Des Abends Stille
Durchbrochen von einem Schrei,
Maria voll der Gnade und ein kleines Kindlein,
Ein Licht am Himmel verkündet, was geschah,

Die Geburt des Heilands, die Rettung ist nah.

Welch Jubel, welche Freude in einsamer Nacht,
Gott hat heut ein Wunder vollbracht,
Im kleinen Stall von Bethlehem
Wurde heute Nacht
Der Menschheit die Erlösung gebracht.

Gottes golden Geist in lieblichster Form,
Ein reines Wesen, im Herzen froh,
In der Krippe als Kindlein gelegen,
Ist wohl der Schöpfung größter Segen.

Ein Ort des Friedens in stiller Nacht,
Die heilige Familie,
Ein paar Hirten und die Tiere des Stalls,
Kein weltlich Ruhm und keine Macht,
Nur die Lieb im Herzen
An diesem besonderen Tag.

Heut und hier hat Gott
Seine Liebe auf Erden gesandt,
Dass sein goldner Samen
Im Herzen aller Menschen erwacht.

Mensch, so besinne dich
Zur frohen Weihnachtszeit,

Dass auch du den Herrgott
In deinem Herzen hast,
Denn wenn du die Liebe Gottes lebst,
Dann wird auch dir in deinem Herzen
In stiller Nacht ein Heiland geboren.

Des Teufels finstere Schergen.

Menschen, im Gebete vereint,
Knien sich voller Demut nieder
Und preisen ihren Herrn,
Doch wenn sie sich vom Gebete erheben,
Greifen sie voller Hass zu ihren Waffen
Und werden zu
Im Namen Gottes mordenden Schergen.

Und während sie vergewaltigen, versklaven,
Rauben, morden und schlachten,
Rufen sie aus ihren ganzen Herzen:
Gott ist groß,
Wir sind die Diener seines rechten Glaubens.

Eine Welt geeint durch das blutig Schwert,
Die im Namen Gottes gereinigt wird,
Und um des wahren Glaubens willen
Wird Unterdrückung, Hass und Gewalt gelebt.

Alles hat sich zu unterwerfen,
Selbst die Frau dem Mann,
Denn so steht es geschrieben,
So will Gott es haben
Und unterwirfst du dich nicht
Dem göttlich Recht,

Dann ergeht es dir mit Sicherheit schlecht.

Der Körper eines Menschen liegt im Gras,
Sein Kopf ein gutes Stück weit nebenan,
Abgeschlagen von einer gläubigen Hand,
Die all das und an Grausamkeit noch viel mehr
Im Namen ihres Gottes tat
Und nur weil derjenige
Einen anderen Glauben hatte.

Eines weiß ich ganz gewiss,
Diesen Gott, den gibt es nicht,
Denn all dies ist nicht Gottes liebend Werk,
Ist nicht seiner Liebe lichter Glanz,
Das ist das finstere Werk eines anderen,
Das ist das Werk des Teufels in
Menschengestalt.

Gott ist die lebend Lieb auf Erden
Und nicht des Teufels finstere Schergen.
Nicht überall wo Gott drauf steht,
Ist auch Gott drin,
Darum, Mensch, hinterfrage und erkenne,
Gottes wahren liebend Sinn,
Es ist die Lieb in allem Leben drin.

Im Namen des Propheten.

13. 11. 2015, Terroranschläge in Paris

Ein schwarzer Tag,
In dunkler Nacht,
Der Menschheit blinder Hass
Hat wieder einmal
Den Tod gebracht.

Im Namen des Propheten,
Der Worte stille Gebete,
Das Herz ist leer und kalt,
Eine Kalaschnikow in der Hand,
Inschallah,
Das Reich Gottes,
Das ist nah.

Wie traurig ist's doch anzusehen,
Wie der Teufel hier auf Erden lebt,
Welch grausam Weltenspiel,
Ein Spiel ohne Lieb
Und ohne höheren Sinn.

Er nimmt das Leben,
Als hätte es keinen Wert,
Und das nur, weil es nicht
Seine Ideologie,

Seinen blinden Glauben teilt.

Ein Gottesdiener
Oder des Teufels Knecht,
Wessen Geistes Werk ist es,
Das ihn zum Henker
Hier auf Erden macht?

Gott ist die Liebe
Und nicht der Hass,
Gott ist der Friede
Und nicht die Macht,
Gott ist die Einheit in der Welt
Und Gott ist die Nächstenliebe,
Die uns alle in seinem Geiste eint.

So, Mensch, erkenne wer du bist,
Du bist nicht Moslem, Hindu,
Jude oder Christ,
Du bist ein göttlich Wesen,
Dem Geiste nach
Gottes Ebenbild.

Die wahre Religion ist die Liebe.

Ein kniend Mann,
Das Haupt in Demut gebeugt,
Die Hände gegen den Himmel gerichtet,
So betet er und ruft laut aus voller Kehle
Den Namen seines Herrn.

Er selbst sieht sich
Als den gerechten Gotteskrieger
Und dennoch fährt er direkt in die Hölle
Seiner eigenen Gottlosigkeit nieder.

Ein Mensch, der Worte Gottes viele,
Im edelsten Gewande geistiger Gefilde
Predigt er Gottes geistig Gesetze
Immer und immer wieder.

In einer Hand das Kreuz,
In der anderen das Schwert
Und auch sein Weg führt an Gott vorbei,
Direkt in die Hölle
Seiner eignen Seele Dunkelheit.

Ein alter Mann,
Von der Arbeit am Felde müde,
Bricht sein hartes Brot

Und dankt leis dem Schöpfer
Für seine Gabe.

Ein schlichter Mensch, im Herzen gut,
Der Worte Gottes wenig,
Doch der liebend Taten groß.
Ihm allein gehört das Himmelreich,
Denn er ist wahrlich
In seinem geistig Wesen gottesgleich.

Ein Mensch,
Der den weltlichen Namen Gottes nicht kennt,
Auch das gesprochene Gebet ist ihm fremd
Und dennoch ist seiner Seele lieblich Wesen
So rein, leicht und schön
Wie der Flug eines Vogels.

Er kennt die Gesetze Gottes nicht
Und dennoch tut er dem Leben nur Gutes,
Weil es sein liebend Herz so will.

Wahrlich, ich sage euch,
Gott selbst wird vom Himmel herabsteigen
Und seine geistigen Kinder preisen,
Denn dort wo die Liebe Gottes lebt,
Dort lebt auch Gott in der Welt.

Denn die wahre Religion ist
Nicht das gesprochene Wort,
Sie ist die
Gelebte Liebe Gottes in der Welt.

Der Wege in die Hölle gibt es viele
Und nur zu oft gehen sie die Menschen,
Die den Namen Gottes auf ihren Lippen haben,
Doch Weg in den Himmel gibt es nur einen
Und das ist der Weg
Der gelebten Nächstenliebe.

Der Kreuzestod.

Hoch am Kreuze droben,
Die Lieb schon lange erloschen,
So steht's mit des Menschen Geist
In des Egos Höllenreich.

Heut wie schon vor langer Zeit
Ist die Menschheit nicht bereit,
Zu erkennen ihres wahren Geistes Sinn
Und so huldigt sie
Des Teufels irdisch Weltenspiel.

Wie verloren doch das Leben ist,
Kennt man seinen Geiste nicht,
Denn dort wo das Ego lebt,
Man Gott ans Kreuze schlägt.

Mit welch Hochmut und Arroganz
Doch das Ego durch sein Leben tanzt,
Wo alles, selbst Gott, sich zu beugen hat
Vor des Egos irdisch Weltenmaß.

Ein Maß, das alles so bestimmt,
Wie es das Ego haben will,
Ein Maß, das selbst Gott macht
Zu des Egos geistlosem Ebenbild.

So kniet die Menschheit nieder
Im Blute ihrer Ahnen Kriege
Und sät die Saat,
Die ihr der Teufel
In die Seelen gegeben hat.

Wie lange noch dasselbe Spiel,
Wie lange noch Hass, Not, Leid,
Gewalt, Krieg und Sieg,
Das allen, nur nicht Gott
Auf Erden dient.

Erst wenn der Mensch erkennt,
Er ist vom Geiste Gottes nicht getrennt,
Er alles Leben, seine Familie
Und die Erde den Himmel nennt
Und erst dann hat der Kreuzestod sein End.

Für Charlie.

7. 1. 2015, Terroranschläge auf die Redaktion der Satirezeitschrift Charlie Hebdo.

Der geistig Feder golden Hand
Verschwand in des Propheten dunklem Band,
Wo der Menschheit freier Geist
Durch Gewalt und Mord sein jähes Ende fand.

Schon wie zu aller Zeiten Tagen
Gab es immer einen,
Der hatte das Recht, alles zu sagen,
Es war der Narr auf des Königs Hofe,
Der auf seine eigen lieblich lustig Art und Weise,
Das aufzeigte,
Was außer ihm keiner nur zu denken wagte.

Doch leider, damals so wie heut,
Am falschen Hof zur falschen Zeit,
War es vorbei mit der Narrenfreiheit,
Denn der Teufel hält nicht viel
Von des Narren schelmisch Spiel.

Der Narr war schon zu aller Zeit
Das Sprachrohr der kleinen Leut
Und niemals beugte er sein Haupt
Vor denen, die die Macht des Bösen

Zu ihren eigen Gunsten missbrauchten.

Charlie Hebdo,
Du warst der Narr der neuen Zeit,
Der uns mit viel Farbe und Witz
Etwas Heiterkeit gebracht hat
In der vielen Weltenblätter korrupten Düsterheit,
Du dientest keinem Herrn
Außer deinem Herz allein.

Die Zeit der Unterdrückung
Und Barbarei ist nun vorbei,
Heut kann man den Narren nicht mehr töten,
Denn der Geist von Charlie lebt weiter
In aller Menschen freien Herzen.

Und so sind in der Stunde seines Todes
Tausend neue Charlies geboren,
Die aus dem Licht seiner Sonne uns weiterhin
Der Welten weise Narren sind.

Solange es Unrecht und Unterdrückung gibt,
So lange wird es auch Satire geben,
Denn der Narr weiß,
Dass der Stift letztendlich mächtiger ist
Als des Teufels blutig Schwert.
Und so wird irgendwann einmal

Der Narr der neue König sein
Und vorbei ist es dann
Mit des Teufels grausam Tyrannei.

Charlie, eines weiss ich ganz gewiss,
Gott hat deine Zeitschrift gelesen
Und musste so herzlich lachen
Über deiner weisen Feder lieblich Spiel.

Und warum?
Weil du alter Narr einer der Wenigen warst,
Die den Sinn der Satire verstanden,
Und weil du es auch wagtest, deinen Stift
Gegen des Teufels irdisch Werke zu erheben.
Vielleicht ist auch nicht alles golden gewesen,
Was aus deiner Feder kam,
Doch eines weiß ich ganz gewiss,
Dass deine Absicht nur die beste war.

Ein blinder dogmatischer Geist lebt nicht,
Denn er ist ein Gefangener
In seiner Unbewusstheit eigen Hölle,
Ein freier Geist hingegen kann nicht sterben,
Denn er lebt ewiglich
Als Ausdruck göttlichen Lichts.
Nun noch eine schöne Reise
Und alles Gute.

Die Taufsünd.

Eine weiße Feder
Fällt ganz langsam und zart
Vom Himmel herab
Direkt auf ein frisches Kindergrab.

Es ist das Jahr 1611,
Ein Kind verstorben
Noch im Bauch der Welt,
Bevor es seine Mutter
Mit ihrer Lieb
In Händen hält.

Eine kleine Seele,
Ein erloschen Licht
Und so viele Tränen,
Wie leidvoll doch
Das Leben ist.

Zwei kleine Hände,
Sie wissen von nichts,
Kommen auf Erden
Und gehen noch
Bevor ihr erster Tag anbricht.

So hält die Mutter
Ihr liebend Kind,
Das tot in ihren Armen liegt,
Und sucht nach des Lebens Sinn.

Wie schwer ist es,
Etwas loszulassen,
Das man so sehr liebt,
Und vor allem,
Wenn man gar nicht weiß,
Wohin die Reise
Der geliebten Seele geht.

Nun steht sie vor des Kindes Grab,
Der Pfarrer verweigert den göttlichen Segen,
Weil es ja nicht getauft war,
Und sagt nur ganz leis
In ihr blutend Herz hinein:
Lieber Gott, ich bitte dich, es ist deins.

Doch Gott,
Er braucht weder die Worte des Pfarrers
Und auch die Taufe nicht,
Denn Gott sieht in des Menschen Herz
Und er handelt nach dessen Lieb.

Eine weiße Feder
Fällt ganz langsam und zart
Vom Himmel herab,
Sie ist von dem Engel,
Der die Seele des Kindes
Nach Hause geholt hat.

Allah liebt mich.

Allah liebt mich, obwohl er weiß,
Dass ich Christ bin,
Allah liebt mich,
Auch wenn ich den Koran nicht kenne.

Allah kennt mich,
Auch wenn ich seinen Namen
Nicht zum Namen Gottes mache,
Denn Allah weiß, dass jeder Name Gottes,
Der von einem gläubigen Herzen kommt,
Gottes rechter Name ist.

Allah sieht mich,
Auch wenn ich anders bete
Und meinen Glauben anders praktiziere
Als es in seinem Namen üblich ist,
Denn Allah sieht jedes Gotteskind,
Das reinen Herzens ist.

Allah schätzt mich und mein Christ-Sein,
Er schätzt die Fülle
Und die Vielfalt aller Religionen,
Denn Allah weiß,
Dass letztendlich alle Religionen
Ihren geistigen Ursprung in Gott haben.

Allah hört mich,
Weil ich die Sprache Allahs spreche,
Denn jedes Menschen Wort
Aus einem liebend Herzen
Ist ein Wort von Gott zu Gott.

Allah würde mich niemals bekehren,
Denn Allah liebt mich
Genau so wie ich bin.

Allah liebt mich,
Denn Allah sieht in jedem liebend Herzen,
Ganz egal welche Religion es hat,
Seines eigen Geistes Kind.

Allah ist das Licht
Und das Licht ist die Liebe
Und überall wo die Liebe lebt,
Dort lebt auch Gott,
Ganz egal wie man ihn nennt.

Allah ist der Friede,
Weil die wahre Gottesliebe den Krieg nicht kennt
Und so ist jeder Krieg im Namen Gottes
Ein Krieg gegen Gott selbst.

Allah liebt alles Leben hier auf Erden,

Weil er der Schöpfer allen Lebens ist,
Und so liebt Allah jeden Menschen,
Jede Pflanze und jedes Tier.

Allah sieht ins Herz eines jeden Menschen
Und auch wenn du Allah rufst
Und in seinem Namen Dinge tust,
So wird er dich erst sehen können,
Wenn er seine Liebe
Und seinen Frieden in dir spürt.

Allah liebt dich,
Welchen Glauben du auch immer hast,
Allah liebt dich,
Jede Form von Hass, Gewalt
Und Intoleranz ist Allah fremd,
Denn Allah ist die Liebe,
Die alles Leben in seinem Geiste eint.

Allah ist Gott
Und der Menschen Wege zu Gott
Gibt es gar viele,
Aber der wahre Weg zu Gott,
Das ist der Weg der Liebe.

Das wahre Osterfest.

Wie traurig ist es doch, zu sehen,
Wenn der Heiland tot am Kreuze hängt
Und des Teufels finstere Wesenswelt
Noch Hammer und Nagel in den Händen hält.

Ja, das ist des Menschen Egos täglich Werk,
Dass es mit seiner Seele Sünd
Seinen eignen Herrgott,
Sein höchstes Selbst,
Zum Kreuzestode trägt.

Die Kreuzigung,
Sie findet täglich statt,
Wenn du nicht Gottes Lieb
In deinem Herzen hast,
Dann ist's der Teufel mit finsterer Macht,
Der deine Seele in seinen Händen hat.

Der Heiland ist nicht für dich
Am Kreuz gestorben,
Du hast ihn selbst
Mit deiner Seele eigen Niedrigkeit
Gekreuzigt und ermordet.

Mensch, erkenne:
Du bist dein eigner Kreuzestod.
So schlage ab deines Egos Kopf
Und erhebe dich in Gottes liebend Sinn,
Denn du bist sein geistig Ebenbild.

Die Auferstehung findet statt,
Wenn du deinen Geist in Gott erhöhst
Und seine Lieb auf Erden lebst.

Das wahre Osterfest
Ist das Fest,
Wenn der Heiland
In deinem Herzen
Auferstanden ist.

Gott erhörte mich.

Ein Krieger voller Hass
Im Blute seiner Brüder steht,
Um ihn herum der Hölle finsteres Geschrei,
In der einen Hand ein Schild,
Auf dem Gerechtigkeit,
In der anderen ein Schwert,
Auf dem Gott zur Ehre steht.

Von hinten ertönt des Teufels Geschrei:
Tötet, im Namen Gottes tötet,
Bis der Sieg ist mein!
Und wieder fährt das Schwert nieder
Und bricht des Gegners Schild entzwei,
Ein Schmerzensschrei und es wird still
Und das nächste Leben, es ist vorbei.

Brust an Brust, Schild an Schild stehen wir da,
Ein Bollwerk des Bösen,
Das im Namen Gottes
Den Teufel auf Erden ehrt.

Welch unermesslich Leid
Ich doch in meinem Herzen hab,
Mein Verstand folgt dem Teufel
In seiner Seele finsteres Grab,

Doch mein Herz, es weint ganz bitterlich
Über all der Menschenseelen Leid,
Von dem auch ich ein Teil bin.

Plötzlich halt ich inne
Und alles tut mir so unermesslich leid,
Leis erzittern meine Lippen:
Herr, bitte hilf mir,
Ich möchte kein Scherge des Teufels mehr sein.

Ich sinke nieder auf meine Knie,
Falte die Hände zum Gebet,
Tränen laufen über meine Wangen
Und aus der Tiefe meines Herzens sage ich:
Herr, bitte vergib mir.

Auf einmal wird es still,
Ein unermesslicher Friede zieht in mir ein,
Es ist, als ob ein Licht
Mich von innen heraus erleuchtet,
Und eine Stimme, die lieb ins Herz mir spricht:
Du mein Sohn, ich vergebe dir.

Auch wenn mein Seelenkampf ein Ende hat,
So ist der Welten Krieg noch nicht vorbei,
Des Gegners Schwert, es durchbohrt mich
Und so bleib auch ich am Schlachtfeld liegen.

Die Himmelstür, sie öffnet sich
Und ein Engel steigt herab,
Er nimmt mich liebevoll in seinen Arm
Und sagt mit sanfter Stimme mir:
Gott erhörte dich,
Sei willkommen, du mein Seelenlieb.

Des Propheten Wort.

Der Propheten Gotteswort
Hat zu aller Zeit den Menschen
Den Geiste Gottes offenbart,
Eine geistige Welt, die der Mensch
Verloren und vergessen hat
Und so nicht sein eigen nennt.

Der Himmel bedarf des Propheten
Und seiner Weisheit Worte nicht,
Nein, es ist die Welt der Menschen,
Gefangen in ihrem irdisch Ich,
Zu denen Gott
Durch seiner Diener Worte spricht.

So gibt es der Propheten viele,
Sie verkünden Gottes wahre Ziele,
Die der Mensch mit Bedacht
In seinem Leben zu erfüllen hat.

Natürlich ist nicht jeder ein Prophet,
Der von Gott und seiner Welt erzählt,
Denn des Teufels Wege gibt es viele
Und einer davon ist der Religionen Wiege,
Wo der Teufel leider nur zu oft

Der wahren Propheten weise Worte
Nach seiner dunklen Tugend Sinn umformte.

Und so leben wir in einer Welt,
Wo Religion Macht ist
Und nicht der Weg der Liebe,
Wo Religion Krieg ist
Und nicht der Weg des Friedens
Und wo Religion Dualität ist
Und nicht die Einheit
In Gottes geistiger Liebe.

Allesamt auf Gottes Wort gegründet,
Einst von Propheten verkündet,
Sind die Religionen heute
Nur noch Institutionen
Mit weltlicher Hülle
Ohne Gottes geistige Fülle.

Gottes weiser Worte Sinn verändert sich nicht
Und so wird auch ein neuer Prophet
Nichts wirklich Neues erzählen,
Das einzige was fehlt ist,
Dass der Mensch nach dem Worte Gottes lebt.

Allerseelen.

Der Gräber stilles Lichtermeer,
Den Seelen der Toten zur Ehr,
Ist ein Licht für die Ewigkeit in uns
Und in den Herzen unserer Ahnen.

So stehen wir heute hier,
Wie schon zu allen Zeiten,
Ein Licht in der Hand,
Das andere im Herzen
Und besinnen uns
Unserer Ahnen Werte.

Weil jeder Ahn lebt auch in dir,
Ist ein Teil deines Wesens,
Denn jede Generation
Gibt ihr Licht der nächsten weiter
Und so ist das Licht in deiner Hand
Ein Symbol für die immerwährende Liebe
Deiner Ahnenreihe.

Es gibt sie nicht, die Grenzen
Zwischen Leben und Tod,
Sie existieren nur in der Begrenztheit
Unserer menschlichen Sinne
Und so stellst du das eine Licht zum Grabe,

Doch das Licht der Liebe in deinem Herzen
Leuchtet bis ins Jenseits zu deinen toten Ahnen.

Die Seelen sterben nicht,
Hier im Grabe liegen nur
Die Körper deiner Ahnen,
Die auch dich an die Sterblichkeit deines Ichs
Und an die Unsterblichkeit
Deiner Weltenseele erinnern mögen.

Jedes irdisch Licht hat auch seinen Schatten
Und so sinne heut und hier am Grabe,
Welch Gebet die Seelen deiner Ahnen brauchen,
Damit ihre Seelenschatten im Lichte Gottes
Zur Erlösung finden.

Die Verbindung zu deiner Ahnenreihe
Ist das weltlich Spiel von Licht und Schatten
Und so sind deiner Ahnen Erbe
Nicht nur ihrer Seelen tugendhafte Werte,
Sondern auch ihrer Seelen dunkelste Gefährten.

Eine größere Ehr
Kannst du dem Tode nicht geben,
Als deiner Ahnenreihe
Für ihr liebend Licht zu danken,
Dir im Gebet

Ihrer Seelenschatten bewusst zu werden
Und darauf zu bauen,
Dass ihre lichten Werte
In deiner eignen Seele reifen.

So ist jeder Schatten,
Der in deiner Seele zum Lichte wird,
Auch eine Hilfestellung für deiner Ahnen Seelen,
Die du mit deinem lichten Wesen mit anhebst,
Wenn du deiner Ahnen Untugend
Nicht mehr lebst.

So steh ich heute hier am Grabe,
Ein Licht in meiner Hand
Und ein Licht der Dankbarkeit
Und der Liebe in meinem Herzen,
Für all die lieben Ahnen, die ich und
Die mich in meinem Sein begleiten.

Doch eines sage ich euch heute, hier und jetzt:
Ich werde meine Lebensaufgabe erfüllen,
Mich im Geiste zu erheben,
Um unsere Ahnenreihe so
Im Lichte der Liebe Gottes anzuheben.

Mutter Teresa.

Du Mutter der Armen,
Du Königin der Herzen,
Du hast dein Leben
Deinen Nächsten gegeben
Und warst so
Ein Licht in dunkler Nacht,
Das die Liebe Gottes
Auf Erden hat gebracht.

Ein heller Stern,
Dessen Licht noch heute
Die Herzen der Menschen erwärmt,
Weil du mit deiner Lieb
Uns gezeigt hast
Des Lebens wahren Sinn.

Mit deinem selbstlosen Dienst
Hast du der Menschen Ego beschämt,
Doch so hast du ihnen auch
Den rechten Weg gezeigt,
Den Weg der gelebten Liebe,
Den Weg zu Gottes wahrer Himmelstüre.

Es gab nichts in dieser Welt,
Was du dein eigen nanntest,

Und so war dein einziger Lebenssinn,
Der Menschen gebrochene Herzen
Und ihre verlorene Seelen
Zu heilen mit deiner Lieb.

Du hast die Lehre Christi wahrhaft verstanden,
Du hast die Nächstenliebe in die Welt getragen
Und so warst du ein Kind in Gottes Geist,
In seinem irdisch Himmelreich.

Welch zartes und kleines Wesen du doch warst
Und trotzdem leuchtet deine Lebensspur
Bis in alle Unendlichkeit,
Weil Gottes reinste Lieb
Selbst den Tod übersteht.

Einst hat Gott uns einen Engel geschickt,
Einen Engel reinen Geistes,
Ihr Name war Teresa,
Mutter der Armen,
Königin der Herzen.

Wunder der Weihnacht.

Der Weihnachtsbaum steht helle da,
Drum herum die Kinderschar,
Alles ist ganz ordentlich,
Der Tisch festlich gedeckt,
Der Baum schön geschmückt
Und darunter der Geschenke viele,
Doch ganz vorne,
Da steht dem Jesukind seine Krippe.

Nun sind sie alle da,
Stehen still und fromm im Kreise,
In der Mitte der Baum
Mit seinen brennenden Kerzen,
Und sie singen dem Herrgott seine Lieder,
Ganz andächtig und leise.

Nun wünscht man sich ein frohes Fest,
Die Oma, sie erzählt noch schnell
Eine Weihnachtsgeschicht
Vom lieben Gott und seinem Jesukind,
Von damals, wie es war in Betlehem.

Die Weihnachtsgeschicht, sie hat ihr End
Und die Kinder stürzen sich
Auf ihr Geschenk,

Oh welch Freude es doch ist,
All dies zu beobachten,
Das rege Treiben und das Funkeln
In ihrer Augen Licht.

Nun setzt man sich besinnlich zum Mahl,
Dankt dem Herrgott für all die Gaben
Und freut sich an Weihnachten sehr,
Am Fest der Liebe im Kreise seiner Familie.

Und nun zuallerletzt
Feiert man noch das frohe Fest
Mit den Menschen in der Kirche
Bei der heiligen Christmette.

Die Glocken läuten in stiller Nacht,
Die Familie, sie zieht in schönster Pracht,
Besinnlich und doch voller Freud
In das festlich geschmückte Gotteshaus.

Der Schnee fällt leise auf die Stadt hernieder,
In der Kirche singen sie alle zusammen
Die schönsten Weihnachtslieder,
Ein Duft von Weihrauch,
Ein besinnlich Herz,
Und der Pfarrer spricht über Gott,
Über das Gotteskind, die Erlösung

Und seinen Weltenschmerz.

Auch dieser Tag, er hat sein End,
Sie liegen alle nun in ihrem Bett
Und sinnen noch übers große Fest,
Über die Geschenke, die Familie
Und über das kleine Jesukind
Im weihnachtlichen Lebensspiel.

Wie schön das Fest der Weihnacht ist,
Wenn man es mit Lieb
Und Freud im Herzen lebt,
Doch, Mensch, eins sei dir gewiss:
Das wahre Fest der Weihnacht ist es nicht.

Das wahre Fest der Weihnacht
Ist die Geburt Christi
In deinem eigenen Sein,
Eine Geburt, bei der du dich erhebst
In Gottes Geist.

Denn dort, wo Gottes Lieb
Auf Erden lebt,
Nur dort lebt auch Gott selbst
In seiner Welt.

Das Wunder der Weihnacht,
Es ist vollbracht,
Wenn im Herzen der Menschen
Der Heiland ist erwacht.

Allah ist groß.

Ein gleißend Sonnenlicht
Der Morgenstunde Freud zerbricht,
Ein gläubiger Mann
Mit einem guten Herzen,
Er kniet im Schatten seines Todes,
Hinter ihm des Teufels finsterer Scherge
Mit einem Schwert an seiner zarten Kehle.

Im Namen Allahs wirst du heute sterben,
Durch die gerechte Hand
Eines Gottesmanns
Wird man dir den Kopf abschneiden,
Auf dass die Erde
Wieder zum Himmel werden kann.

Der Unglaube muss ausgerottet werden
Mit grausamer Hand,
Mit Schmerzen und mit Schreien
Wird die Erde in Blut getränkt
Und auf den Lippen des teuflisch Schergen
Ein stilles Gebet:
Allah ist groß, ihm gehört die Welt.

So kniet er hier, der gute Mann,
Auch er betet jeden Tag

Still in seinem Herzen Gott an
Und kann nicht verstehen,
Wessen Werk wird heute hier geschehen
Und beenden so grausam und jäh sein Leben.

Doch ein liebend Herz,
Es zürnt dem Leben nicht,
Denn alles was es ist
Ist Gottes lebend Lieb
In seinem gleißend Licht.

Und so betet er,
Während das Schwert sein Werk vollbringt:
Herr, erbarme dich ihrer,
Denn sie wissen nicht, was sie tun
Und wer sie wirklich sind.

Das Werk, es ist vollbracht,
Der Teufel, er steht im Blute
Seines blinden Glaubens
Und dankt Gott für seine Macht,
Der gute Mann hingegen sitzt zu Allahs Füßen,
Denn nur ein liebend Herz
Ist Allahs einziger Wille.
Allah ist wahrlich groß.

Ein wahrer Gotteskrieger.

Wir Menschen haben Zäune im Kopf
Und Stacheldraht um unsere Herzen,
Denn wir sehen und fühlen nicht mehr
Aller Weltenseelen Schmerzen.

Des Menschen Ethik und Moral
Ist eine Frage der Gesinnung geworden
Und nach mancher Sinne Recht
Ist es eben von Gott gewollt,
Jemanden einfach zu ermorden.

Ob Mann, Frau oder Kind, alt oder jung,
Es spielt keine Rolle,
Denn der, der nicht meine Gesinnung hat,
Hat hier auf Erden nichts mehr verloren.

Eine Welt in Grenzen,
Erschaffen in unseren Köpfen,
Von geistlosen Seelen dämonenhafter Gestalten,
Und das alles ohne ein liebend Herz.

Doch, Mensch, siehst du denn nicht
Der funkelnd Münze dunklen Schatten,
Wie er dich in seine Irre führt,
Ihren weltlich Schein, der dich nur blendet,

Damit du ihren Schatten nicht siehst?
Wie kann man Gott nur dienen
Und dabei das Böse tun,
Wessen Geistes Kinde bist du denn,
Dass du Gott zu einem Mörder machst?

Gott ist doch die Liebe
Und nicht des Teufels finstere Triebe,
Die mit Gewalt, Unterdrückung und Mord
Was erschaffen – eine bessere Welt?
Nein, mein Lieber,
Das ist nicht Gott, dem du dienst,
Das ist nur des Teufels dunkles Weltenspiel.

So begrabe all den Hass in deiner Seele
Und leg die Waffen nieder,
Denn ein wahrer Gotteskrieger
Bekämpft den Teufel in seinem eignen Wesen
Und ist ansonst der Menschheit nur ein Diener
In Gottes ewig gütiger Liebe.

Die Religion Gottes.

Vorsicht: nicht! Religion verbietet!
Religion verbietet was?
Dass man Frauen die Hand gibt,
Dass man ihnen in die Augen schaut
Und ihnen auf selber Augenhöhe
Respekt, Achtung und Wertschätzung zeigt.

Dass jeder Mensch die gleichen Rechte
Und auch die gleichen Pflichten hat,
Egal welches Geschlecht, welche Rasse,
Hautfarbe oder Religion er hat.
Dass man den Gott anders gläubiger Menschen
Genauso verehren darf wie seinen eigenen.
Gibt es denn nicht nur einen Gott,
Dem man einst nur einen anderen Namen gab?

Dass der Mensch selbst göttlich ist,
Dass der Odem Gottes
Uns zu seinen Kindern,
Zu seinem geistig Ebenbilde macht.
Dass der Mensch seine Religion
Und die Gelehrten, die diese Religion auslegen,
Hinterfragen darf.

Doch, Mensch, höre:
Gott ist nicht die Religion,
Die Religion ist nur die Art und Weise,
Wie wir Menschen uns entschieden haben,
Gott zu ehren und zu sehen.

Gott ist nicht die Religion,
Denn wäre Gott die Religion,
Dann wäre Gott lebensverachtend,
Rassistisch, unterdrückerisch
Und der größte Massenmörder
Seiner eigenen Schöpfung.

Gott ist nicht die Religion,
Denn Gott ist die lebendige Liebe
In allem Leben drin,
Und auch wenn in allen Religionen
Gott die Liebe ist,
So wird es doch nicht gelebt,
Weil das Ego des Menschen
Die Liebe einfach durch den Teufel ersetzt.

Die einzige Religion, die Gott kennt,
Ist nicht das Wort,
Es ist die gelebte Nächstenliebe
Zu allem Leben hin.

Allah ist Gott und Gott ist groß.

Allah ist Gott
Und Gott ist das Leben
Und so ist alles Leben dieser Welt,
Ganz egal welche Religion,
Welches Geschlecht oder welche Rasse es hat,
Ein von Gott gegebenes Leben.

Allah ist Gott
Und Gott ist die Freiheit
Und so hat jedes Leben das Grundrecht,
Frei nach seinem höchsten Geiste
In Gottes Schöpfungswerk zu leben.

Allah ist Gott
Und Gott ist die Liebe
Und so ist jeder wahre Gottesdiener
Ein Diener der göttlichen Liebe.

Allah ist Gott
Und Gott ist der Friede,
Ein Friede in aller Leben Herzen drin
Und lebst du den Frieden nicht,
So bist du eines anderen Geistes Kind.

Allah ist Gott
Und Gott ist die Tugendhaftigkeit,
Wo alles Leben in seinem Geiste,
Auch nach seinem Sinne
Lebt, lernt und reift.

Allah ist Gott
Und Gott ist die Barmherzigkeit,
Die alles Leben in seinem Geiste
Und in seiner Liebe,
In Güte, Toleranz und Freiheit eint.

Allah ist Gott
Und Gott ist groß,
Aber das, was hier auf Erden
An Intoleranz, Hass und Gewalt
In seinem Namen geschieht,
Ist nicht seines Geistes Spross.

Des Kreuzes Ruf.

Tränen, sie fallen zu Boden nieder,
Der Schmerz erklungen
Durch der Laute wehmütig Lieder,
Ein Licht, das einst erloschen ist,
Und mit seinem jähen Tod
Kam die Dunkelheit zurück.

Die Engel, sie jubelten
Und sie freuten sich sehr,
Denn nun war die Zeit gekommen
Und ihnen war nahe der Herr.

Doch für die Erde war es der Todesstoß,
Denn als das Licht gegen den Himmel stieg,
Öffnete sich das Höllentor der Finsternis
Und der Teufel, er hatte den Sieg.

Der Mensch, er hat entschieden,
Über Gott, seinen Herrn, zu richten,
Und als man ihn tot vom Kreuze nahm,
War es das Ende
Von Gottes geistigem Schöpfertum.

Für eine kurze Zeit hielt die Erde still.
Ist das wirklich das,

Was die Menschheit will?
Gott offenbart sich uns mit seiner Lieb
Und wir morden ihn
Aus Hochmut und Arroganz
Und das noch lieber als einen Dieb.

Was hat sich verändert
In diesen zweitausend Jahren,
Ist der Mensch heut besser
Als er es damals war
Oder ist er vielleicht nur zivilisierter,
Aber im Geiste noch genauso ein Barbar?

Was würde man heute mit Christus tun?
Ich höre schon des Kreuzes Ruf,
Wo der Teufel mit Hochmut und Arroganz
Das Richtschwert hält in seiner Hand
Und lautstark verkündet:
Hier gibt es nur einen wahren Gott
Und das bin ich, das ist mein gelobtes Land.

Die Tränen, sie fallen zu Boden nieder,
Wieder und immer wieder.

Des Dichters letzter Gruß.

Erst wenn das letzte Wort geschrieben ist,
Das ich zu schreiben hab
Aus meines Geistes Seelenspiel,
Erst dann darf mein Sein nach Hause gehen,
Um sich wieder in Gottes liebend Schoß zu legen.

Beim letzten Vers das letzte Wort,
Dann lege ich die Feder fort
Und dann ist alles, was ich zu geben hab,
Nur mehr meines Geistes Hülle
In mein Weltengrab.

Ich bin schon gern auf Erden hier,
Teil von Gottes großem Weltenspiel,
Wo all die Blumen und die Vögel
Und noch so vieles mehr
Sind im Herzen mir gar so lieb.

Auch wenn ich abends über die Felder geh
Und die Sonne in ihrem schönsten Rot
Am Horizont verschwinden seh,
Ist die Welt der Himmel mir,
Fernab von allem Leid auf Erden hier.

So bin ich hier auf dieser Welt
Und dennoch ist's Gott,
Der mich in seinen Händen hält,
Um dem Leben das zu geben
Aus meiner weisen Feder Sinn,
Was Gott mir mit seiner Lieb
In mein Dichterherz gibt.

Und so bin ich hier, Teil von dieser Welt
Und dennoch ist's der Himmel,
Den ich mein Zuhause nenn.

An meiner Seele letztem Erdentag
Habe ich dann alles dagelassen,
Was mein Herz zu sagen hat,
Außer ein Dankeschön
Und noch viel Freud beim Lesen.

Über den Autor:

Uwe Amanuel Rötzer

geb. 1969 in Stockerau
ist Schriftsteller,
Handwerker und Freigeist

Er sagt über sich und dieses Buch:

Die Schöpfung spielt ihr schönstes Lied
Auf der Laute meiner Seele,
Deren Melodie mein Herz verwandelt
In diese lieblich Worte der Poesie.

Und so ist all das,
Was hier in diesem Buche steht,
Nichts anderes
Als Gottes schönste Magie,
Die er mit seiner Lieb
Allem Leben hier auf Erden gibt.

Denn jenseits allen irdisch Seins
Ist eine Fülle, ist eine Stille,
Die der Mensch mit seinem Verstand
Nicht zu erfassen vermag,
Ein Schöpfungsspiel,
Dessen höheres geistiges Verstehen
Uns nur das Herz offenbart.

Die Romantik ist eine Welt
Realer als die Wirklichkeit,
Die den Menschen mit Gott
Und seiner Schöpfung eint,
Eine Welt, die mich im Herzen verzaubert hat
Und die ich nun mit diesem Buch,
Ganz zart und liebevoll,
In eure Herzen und eure Seelen trag.

Uwe Amanuel Rötzer